ニュータウンを
次世代に
つなぐ

ほっとかない
郊外

泉北ほっとかない郊外
編集委員会

OMUP
大阪公立大学共同出版会

本書は「一般財団法人住総研」の２０１７年度出版助成を得て出版されたものである。

泉北ニュータウンは、2017年でまちびらき50周年を迎えます。まちとして成熟を迎えつつ、高齢化や空き家の増加といった課題にも直面しています。そこで施設や人材といった地域にあるものを生かし、住み続けられるまちへと変えていくプロジェクトをはじめました。

泉北ニュータウンのまち、槇塚台の風景。築年数を経た住宅が立ち並ぶ。

ずっと安心して住み続けたい。
でも徒歩圏には食事ができる場所がない……。

地域でつくった、みんなの食卓

昔の都市計画による影響と相次ぐお店の閉店で、徒歩圏にお店が少ないことはニュータウンの課題。そこで地域でレストランをはじめました。気軽にごはんを食べられ、大人も子どもも集える場所ができ、まちの様子も少しずつ変わってきました。

↓第一章　食卓ができた

槇塚台の近隣センターの空き店舗を活用して生まれた「槇塚台レストラン」。

買い物に出られなくて、
インスタントの食べ物に頼ってばかり……。

うれしいのは、元気になれる食事

実はニュータウンの高齢者、特に交通弱者は買い物難民になってしまい、食生活が荒れがちです。レストランではそんな高齢者に向けて質の良い食事を提供。見守りを兼ねた配食サービスもはじめて、健康をサポートしています。

↓第一章　食卓ができた

栄養士の指導に基づくメニューを手頃な価格で提供。配食サービスも行う。

今の家では家族に迷惑をかけてしまう。
でも施設では自由に過ごせない……。

自宅でも施設でもない、自由な居場所

自宅介護には限界があり、施設は行動に制約がある。いずれにしても難しいのは、高齢者の健康にとって大切な自立を保つこと。そこで団地の空き室を、自立をサポートする高齢者支援住宅に変えました。

↓第二章　居場所ができた

高齢者支援住宅の一室。楽に腰かけることができる畳スペースがある。

病気は嫌だけど、坂道が多くて運動どころか外出もしんどい……。

まずは、みんなでお出かけを

坂道が多いニュータウンでは、足腰が弱ってしまうと外出そのものがつらくなる方も多いようです。そこで運動を勧めるのではなく、まずは健康相談や、お出かけ支援のプログラムから開始。自分の健康状態がわかり、友達ができると、みんなで緑道を歩くなど、健康づくりは自発的に発展していくのです。

→第三章　健康になった

ニュータウンの緑道で、ノルディックウォークを楽しむ高齢者たち。

定年退職後、遊びに行く場所がない。
そもそも近所に友達がいない……？

趣味を満喫できる、第三の居場所

ニュータウンには、家や職場以外の「第三の居場所」がありません。そこで空きスペースとなっていたレストランの2階を、趣味の場として開放しました。フラダンス、健康麻雀、詩吟といったさまざまなイベントが自発的に生まれ、趣味を通じた交流が加速しています。

→第四章　楽しみができた

槇塚台レストラン２階で健康麻雀。元居住スペースが開かれた趣味の場に。

子供が独立したら、部屋が余ってしまった。
若い人に住んで欲しいのだけど……。

リノベーションで、暮らしを世代交代

時代が変わり、世代が移り、ニュータウンの住宅の多くは空き家になったり、求められる暮らし方に合わなくなったりしています。そこで今ある家をリノベーション。自然環境が享受でき、仕事や趣味も楽しめる、新しい生活の場へと更新されています。

↓第五章　リノベができた

空き家をリノベーションし、多世代で暮らせるシェアハウスになった緑道下の家。

ニュータウンに仕事がない。
都市計画上の制限があって、お店がつくりにくい……。

活躍の場を見つけ、地域を回す

「寝に帰る場所」としてつくられ、仕事場がないといわれるニュータウン。そこで場所や人、ものの役割を見直し、適材適所の活躍の場を探していくことにしました。シニア、子育て世代、不要になった家具や食器がそれぞれ役割を見つけ、地域を運営していく仕組みが育まれつつあります。

↓第六章　役割ができた

泉北の豊かな緑の下でヨガやピクニックを楽しむイベントの様子。

緑豊かな屋上を駆け回る子どもたち。まちは工夫次第で多様に楽しめる。

かつてのニュータウンが、今やオールドタウンになりつつあります。でも、成熟した街には、使い切れていない資源があるのです。今あるものを生かしたネットワークをつくり、動かしていくことで、次世代に向けてニュータウンを少しずつ更新していくことができるのではないでしょうか。

はじめに

1965年に開発がはじまった、大阪府堺市の泉北ニュータウン。大阪都心部から約60分、緑豊かな郊外住宅地として人気を呼び、ピーク時の人口は16万人を超えた。だがまちびらきから約半世紀を経た現在は約13万人。高齢化が進み、公的賃貸住宅のほぼ半分を占める府営住宅の空室率は約15%に及ぶ。人口減少、高齢化、空き家増加は、泉北ニュータウンに限らず高度経済成長期に開発された日本全国のニュータウンが共通して抱える課題だ。

本書「ほっとかない郊外―ニュータウンを次世代につなぐ―」は、住人そして地域内外のNPO法人、企業、大学、行政など多様な人々が、そんなニュータウンの状況を変えていこうと「ほっとけない精神」で取り組んできた、2010年以降のまちづくりを紹介する本である。

高齢化しているのに、高齢者が住む場所がない

はじまりは「高齢化しているのに、高齢者が住む環境がない」という、槇塚台住人の問題意識だった。

ニュータウンはもともと、歩いて生活を完結できる構造を持っている。小学校を中心に、徒歩圏内に生活に必要な施設を配置する都市計画の考え方「近隣住区」の考え方に則して計画されているためだ。だが近年では泉北ニュータウンでも、商店や生活サービス施設が集合する地域拠点「近隣センター」に空き店舗が目立ち、買い物や食事をする場所が減っている。歩行が困難な高齢者や、自動車を運転できない交通弱者にとって生活しにくい環境となってしまっていた。

こうして2010年、槇塚台校区自治連合会に加え、福祉系のNPO法人すまいるセンターや社会福祉法人美木多園、大阪市立大学らによる取り組みが始まった。槇塚台校区は泉北ニュータウンの中でも、府営住宅の空室率が約23%と高い地域だ。

まず行ったのは、住人アンケートだった。槇塚台のほぼ全世帯に近い約1800世帯から回収したその結果から見えたのは、約70%の住人が「今後も槇塚台で暮らし

続けたい」という思いを持っていることだった。高度経済成長期に他地域から移住した住人がほとんどであるにもかかわらず、ここを終の棲家と考えているのである。なのに今の槇塚台では、その思いを叶えることが難しい。もう一度、歩ける範囲で生活できるまちにしなければならない。

そこで、平成22（2010）年度「国土交通省 高齢者等居住安定化推進事業」の補助を活用して、高齢者の生活を支援する住と食の拠点づくりを行った。まずは空き家となった府営住宅をコンバージョンして、「高齢者向け支援住宅」に。続いて近隣センターの空き店舗を改修し、配食サービスの拠点を兼ねた「槇塚台レストラン」を立ち上げた。さらに「交流スペース」、戸建て空き家を改修したシェアハウス「緑道下の家」と、2011〜13年度の3年間で4つの拠点を整備しそこが起爆剤となって、展開していった。

ほっとけない精神でニュータウンを更新する

泉北ニュータウンのまちづくりの最大の特徴は、こうしたハード面の整備に終わらず、補助事業期間終了後も持続的な運営を可能にする地域ネットワークを再構築したことである。それが「泉北ほっとけないネットワーク」だ。

ネットワークを構成するのは、自治会を軸とする住人と、地域内外の民間組織、大学、行政などである。これら4拠点をはじめとする泉北ニュータウン内の施設を舞台に、福祉、健康、食、住まいといった生活に関するさまざまなコミュニティサービスが展開されている。

その活動の原動力となっているのは、大阪の文化が生み出した「ほっとけない精神」。困っている隣人を手助けせずにはいられない気風だ。例えば槇塚台レストランの歩みは、たくさんの人のほっとけない精神なしには語れない。メニューづくりやスタッフの育成は、栄養学の専門家が担当した。建築設計は建築家と大阪市立大学の大学生が共同で行い、運営は福祉と地域振興のNPO法人が担った。住人の中には、調理スタッフなどの形で、利用者側から運営者側に回る者も現れた。理学療法士による定期的な健康相談会もはじめられた。

高齢者福祉という観点から整備された4拠点だったが、ほっとけない精神はその役割を予期せぬ方向へと拡大していった。槇塚台レストランは麻雀クラブやダンスサークルの活動拠点になり、子ども向けのハロウィンパーティーが催され、夜は住人自らが居酒屋を運営するようになった。職場と家の往復を想定して計画されたニュータウンに、生活を楽しむための場が生まれたのである。活動メンバーも、定年を迎えた団塊世代や、移住してきた子育て世代の主婦など多様化した。今や「泉北ほっとけないネットワーク」は、高齢者だけでなくあらゆる世代にとって、槇塚台をいつまでも暮らし続けられるまちに変えようとしている。

「寝に帰る場所」から「暮らし、働き、楽しむ場所」へ

ネットワークはさらに槇塚台という地区を飛び出して広がり、2015年「泉北ニュータウン住宅リノベーション協議会」が立ち上げられた。建築家や不動産コンサルタントなどの専門家と地域住人による、戸建て空き家のリノベーションを推進する団体だ。中古住宅の使い方の選択肢を広げることで、ニュータウン内での暮らし方を多様にしたいという思いがある。

具体的な活動として、広い庭のある戸建て空き家を「リノベーション条件付き住宅」、つまりリノベーションして住むことを条件として販売開始した。さらに2016年、リノベーションについて体系的に学ぶ「リノベ暮らし学校」を開講した。果たして人が集まるのかという関係者の心配をよそに、全7回、延べ250名以上の受講生の

参加があった。

リノベーション協議会が提唱するのは、「職住一体居住」。都心部に出て行くのではなく、住まいのあるニュータウンで働き、休日を楽しむ暮らしこそ、これからの目指すべき姿ということである。ここでの「職」とは収入を得る仕事だけではなく、地域活動に参加することや趣味なども含む。かつては「寝に帰る場所」だったニュータウンの役割の見直しである。

今あるものの魅力を再発見し、まちを楽しむ

職住一体居住のコンセプトが生まれた背景にあるのは、「泉北ほっとけないネットワーク」の活動を通じて再発見された、地域の魅力だ。泉北ニュータウンは豊かな自然に囲まれている。3つの地区に分けて開発された住宅地と住宅地の間には、古くからの農村風景があり、家から最寄りの鉄道駅まで車に出合うことなくアクセスできる緑道や広い公園もある。戸建て住宅もマンションも、ゆとりを持って建てられている。今あるものの魅力を再発見し、寝に帰る場所から働き楽しむ場所として積極的に使うことで、ここだからこそ楽しめる暮らしがあるのではないか……。リノベーション協

議会はそんな暮らし方を「泉北スタイル」と呼んでいる。

このような活動と連動するように、泉北ニュータウンを楽しむ動きが多数見られるようになってきた。泉北ニュータウン内に5000戸以上の賃貸住宅を供給する大阪府住宅供給公社は2014年、5戸の公社住宅を使って「DIY R SCHOOL」という講義形式の空き住戸改修事業を実施。スクールはあっという間に定員に達し、リノベーションやDIYニーズの高さを周囲に知らしめた。

また、「泉北をつむぐ まちとわたしプロジェクト」というソフト面に軸を置いた取り組みも2014年よりはじまり、地域住人を主とする有志メンバーが、泉北ニュータウンというまちを楽しむさまざまな企画を行っている。2017年3月には、「泉北ニュータウン 職住一体の暮らしセミナー」が開かれ、泉北ニュータウン内で活動する人や団体が一堂に会して、まちの魅力を語り合った。

多様な当事者が、それぞれの役割を果たす

既存の施設や住宅に若干の手を加え、場所と人のネットワークを築くことで、まちを蘇らせる。さまざまな方向へと展開していくこれらまちづくり活動は、1~2ヶ月

に一度開催される「泉北ほっとけないネットワーク推進協議会」や「泉北ニュータウン住宅リノベーション協議会」の会議によって、ゆるやかに連携している。トップダウンでもなくボトムアップでもない、自発的な「ほっとけない精神」から育まれた、新しいまちづくりの動きである。

本書は、そんな泉北ニュータウンのまちづくりの特徴を伝えるため、当事者が自分の役割や成果を語る声を、フラットにつなぎ合わせる形で構成した。この活動の広がりと、視点の多様さを感じていただければと思う。また、各分野の専門家によるコラムを章ごとに掲載し、福祉、食、住まいといったテーマに関する今日的な課題と泉北ニュータウンにおける取り組みを俯瞰的に整理した。本書が同じ悩みを持つ全国のニュータウンや郊外団地における、再生まちづくり活動の一助となることを願っている。

第二章　居場所ができた――いろいろな高齢者支援住宅　085

第五章　リノベができた——泉北スタイルでリノベーション　175

第六章 役割ができた ——ニュータウンに、自分の仕事をつくる

本書の内容は、２０１４年11月から15年５月、２０１７年３月から同年７月にかけて行われた取材に基づきます。登場人物のプロフィールは特記なき場合、当時の情報を記載しています。なお、本文中に登場する人物については、一部仮名を用いています。

泉北ニュータウン・槇塚台とは

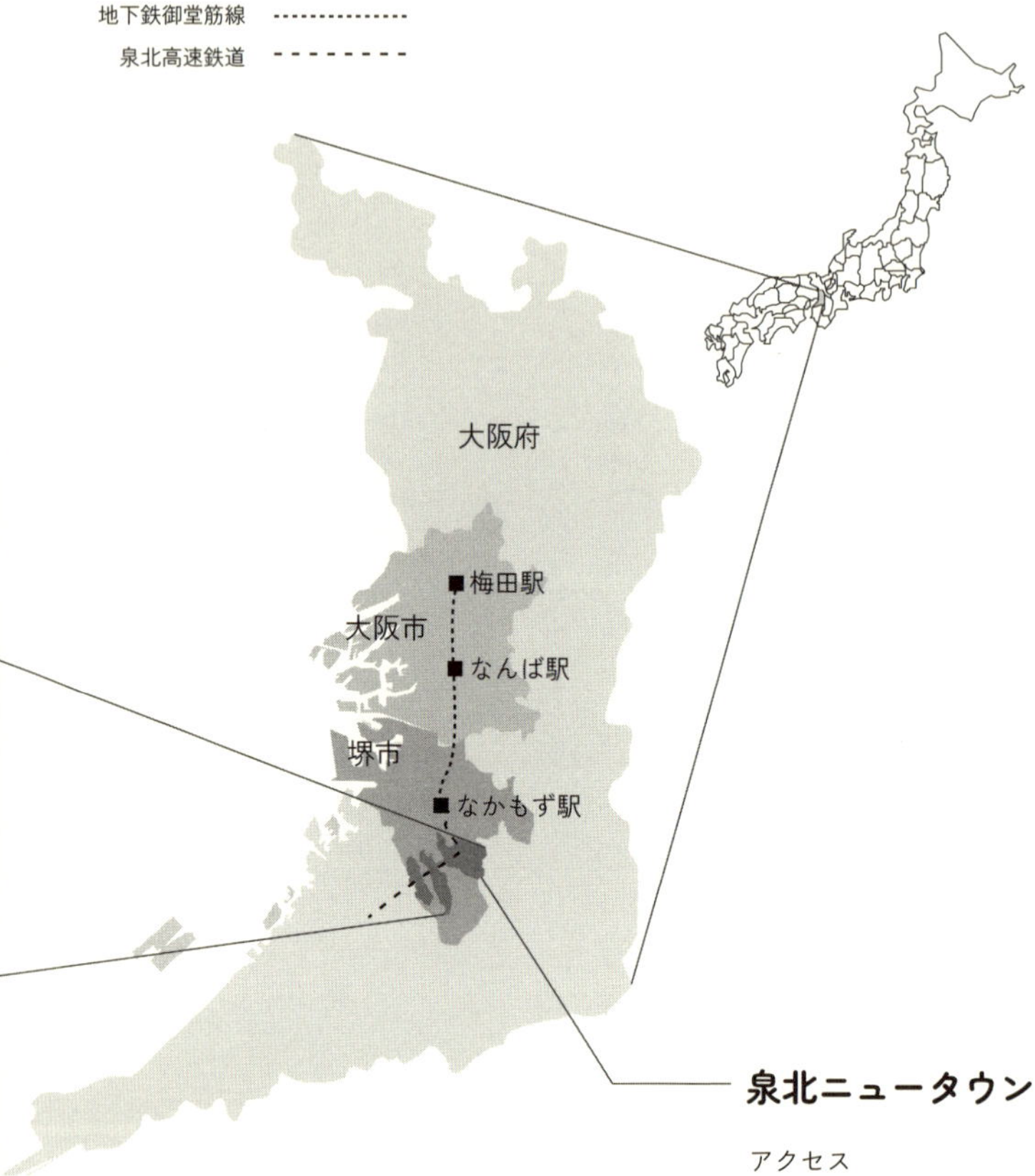

泉北ニュータウン

アクセス
大阪市中心より約20km
鉄道で約50分

泉北ニュータウンの概要

開発年次	1965～83年
面積	約1,557ha
計画人口	約180,000人
人口	126,049人（うち65歳以上の高齢者41,550人/33,0%）

2016年12月　住民基本台帳より作成

泉北ニュータウンは、泉ヶ丘、栂、光明池の３地区からなり、今回さまざまなプロジェクトを行った槇塚台は泉ヶ丘地区にあります。

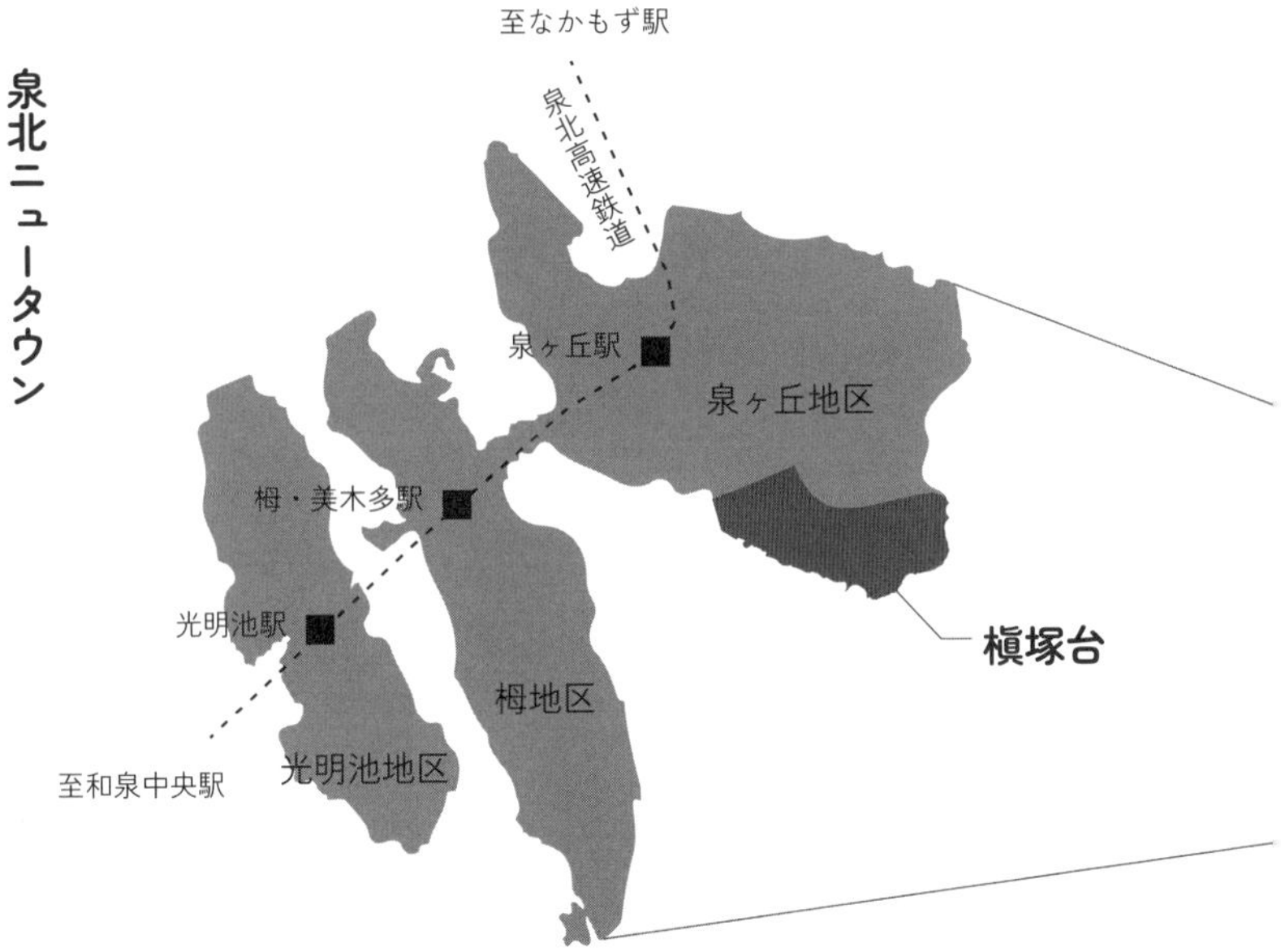

槇塚台の概要

入居開始	1972年	
住戸数	3,129戸	
	公的賃貸住宅	1,240戸（2017年2月住宅地図）
	分譲共同住宅	500戸（2015年10月住宅地図）
	戸建て住宅	1,389戸（2015年度戸建て空き家調査）
世帯数	2,870世帯	
人口	6,154人（うち65歳以上の高齢者2,575人/41,8%）	

人口については2016年12月　住民基本台帳より作成

泉北ニュータウンの人口推移

まちびらきから50年を経て、高齢化と人口減少が進んでいます。

参照：住民基本台帳

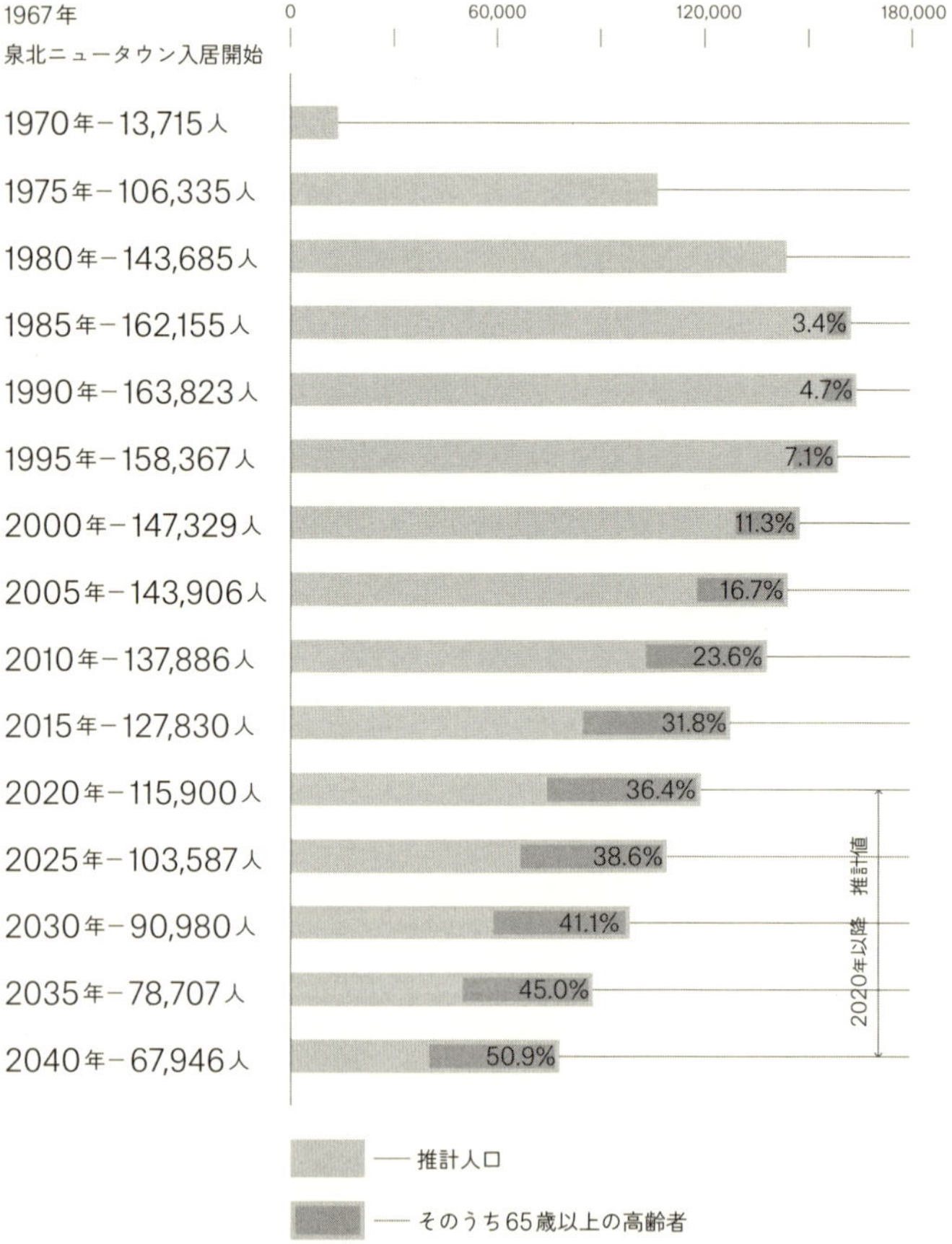

2015年までは実績値、2020年以降は
泉北ニュータウン再生府市等連携協議会による推計値

既存の泉北ニュータウン

半径500m圏に1つずつ公共施設がある。近隣センターの店舗が減り、交通弱者には住みにくい。

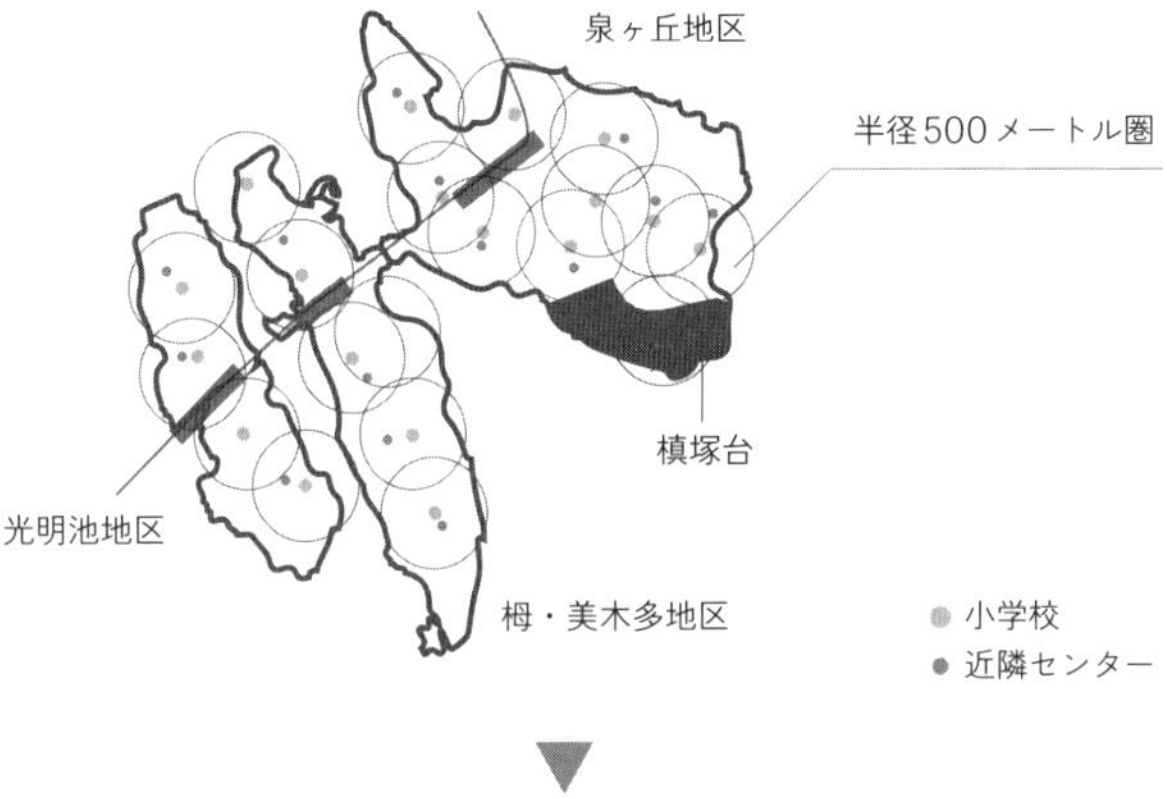

これからの泉北ニュータウン

半径300m圏に地域の空きを利用した生活サービス拠点を設けると、交通弱者でも住みやすいまちに。

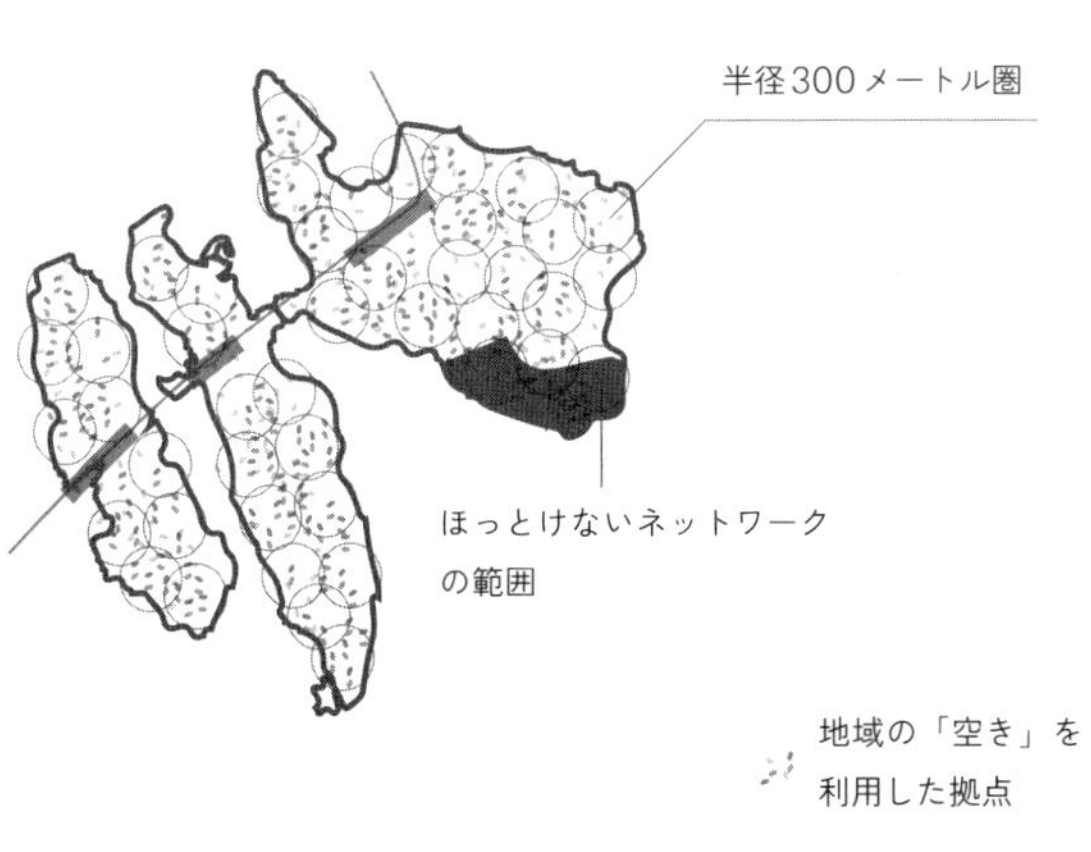

緑道下の家
P.176
槇塚公園
高齢者
支援住宅
P.86
28棟
29棟
槇塚台
レストラン
P.44,P.150
はるか倶楽部
一期一会
P.130
まちかど
ステーション
P.158
近隣センター
ハロウィンなどの
イベントで
使う公園
泉ヶ丘駅
槇塚台センター
バス停

槇塚台にできた生活サービス拠点

地域の空きを利用して徒歩圏内に生活サービスの拠点をつくり、高齢になっても住み続けられるまちへと再生しています。

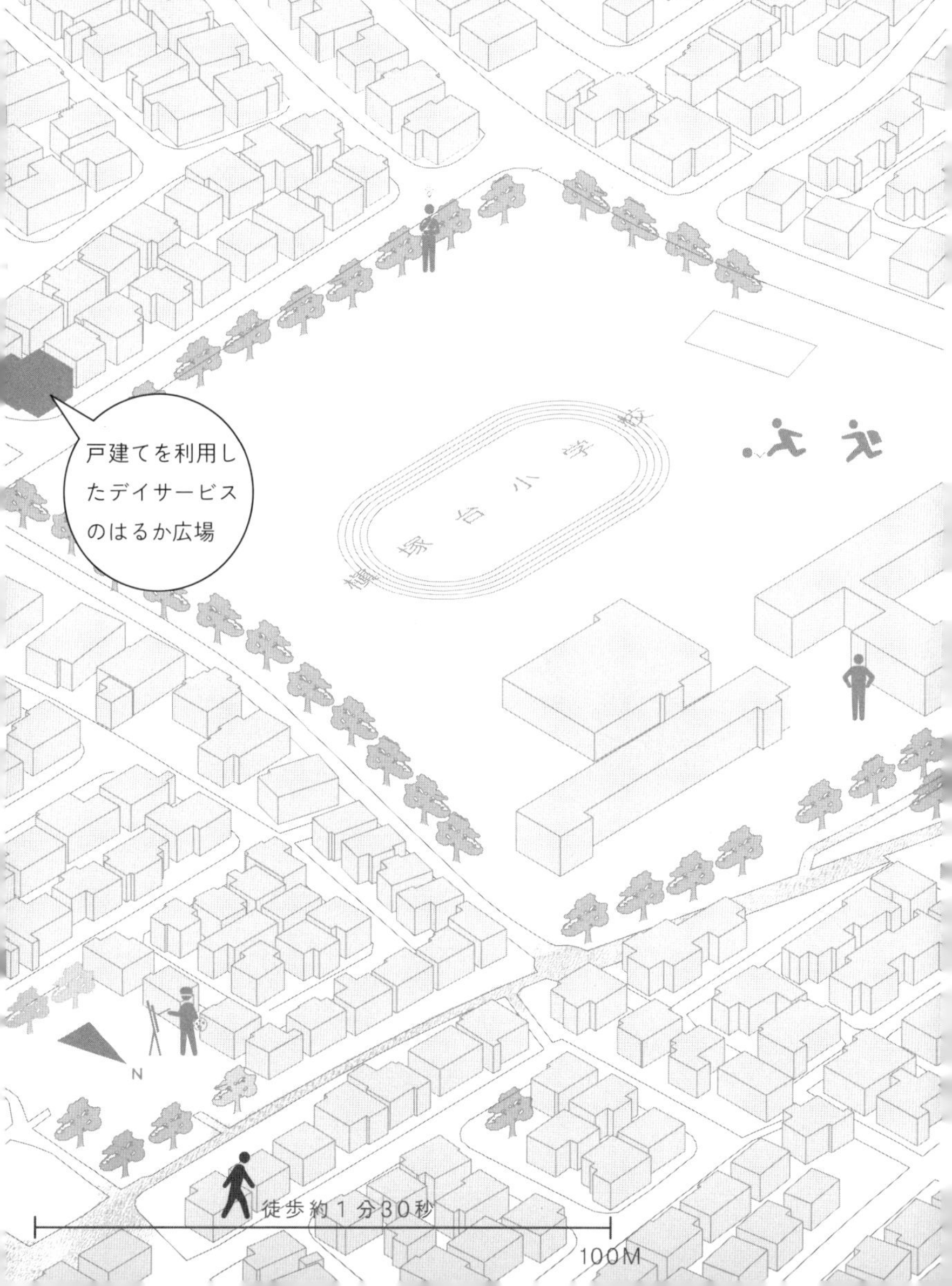

槇塚台にできた拠点とネットワーク

地域の「空き」を生かした拠点を住民、NPO、大学などさまざまな人や組織で動かす、ハードとソフトが一体化した地域再生に取り組んでいます。

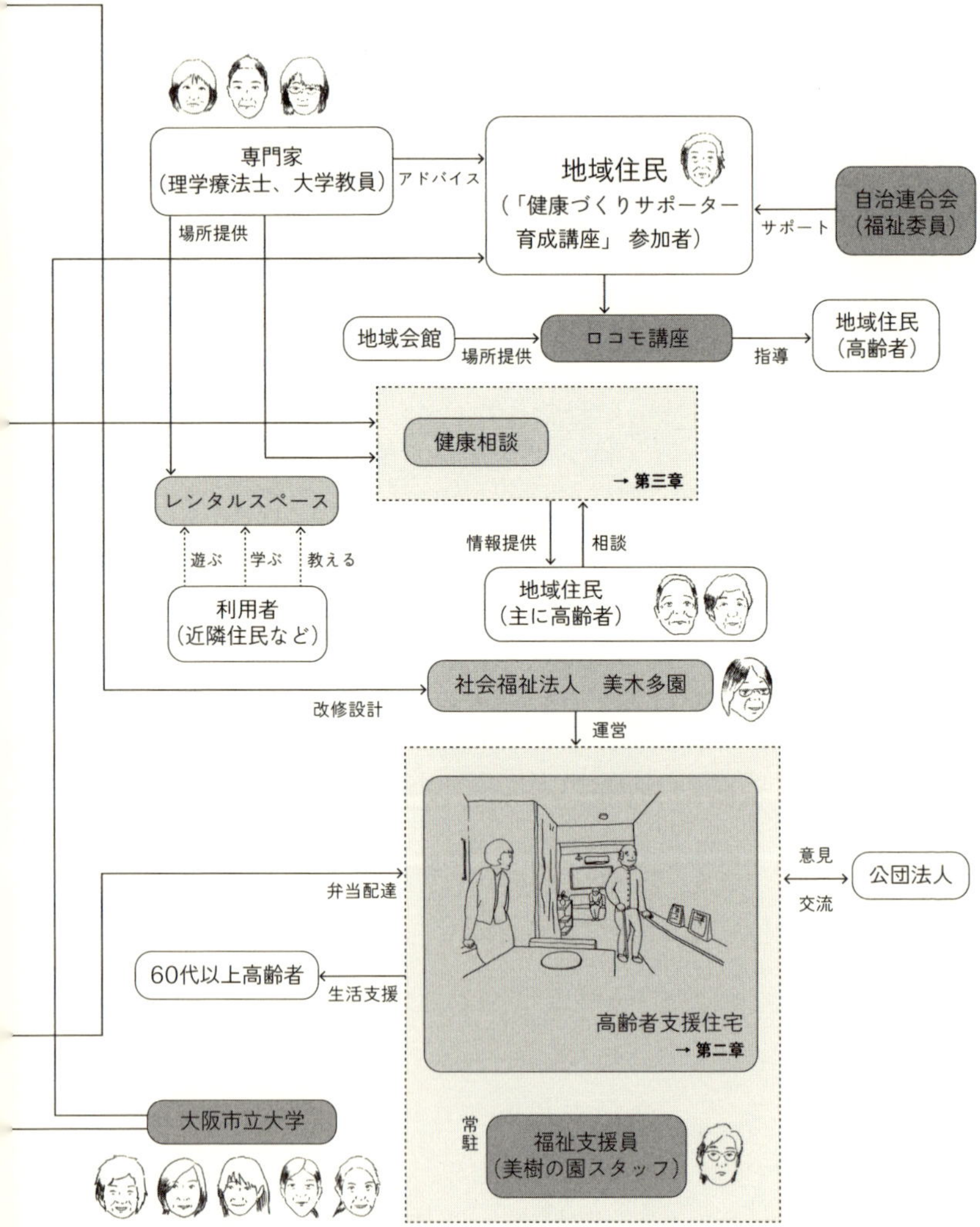

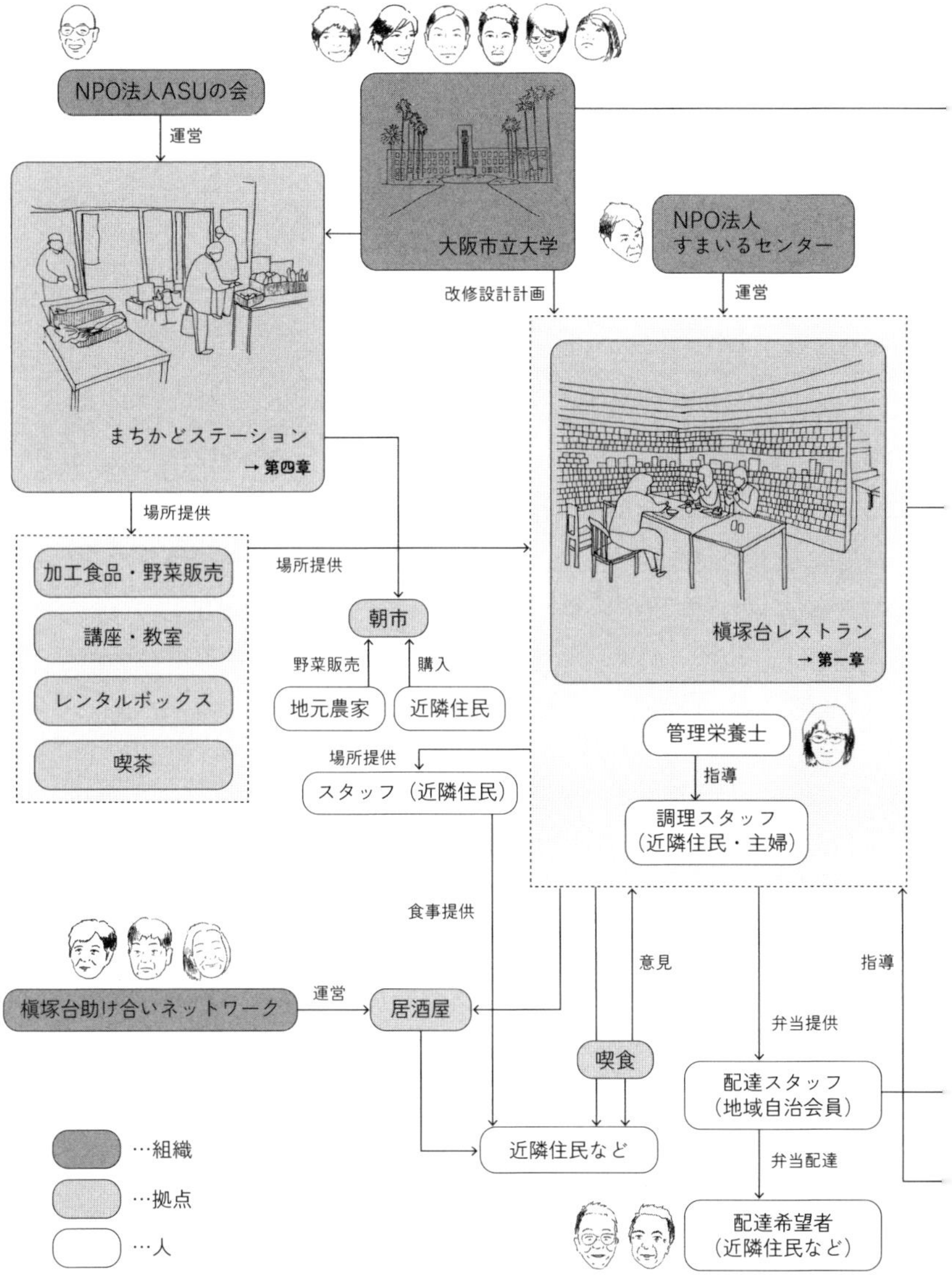
NPO法人ASUの会
運営
大阪市立大学
NPO法人
すまいるセンター
改修設計計画
運営
まちかどステーション
→ 第四章
場所提供
加工食品・野菜販売
講座・教室
レンタルボックス
喫茶
場所提供
朝市
野菜販売
購入
地元農家
近隣住民
槙塚台レストラン
→ 第一章
管理栄養士
指導
調理スタッフ
（近隣住民・主婦）
場所提供
スタッフ（近隣住民）
食事提供
意見
指導
槙塚台助け合いネットワーク
運営
居酒屋
弁当提供
喫食
配達スタッフ
（地域自治会員）
近隣住民など
弁当配達
配達希望者
（近隣住民など）
…組織
…拠点
…人

第一章 食卓ができた

——槇塚台レストラン

泉北ニュータウンでは、店舗や生活サービス施設が集積する「近隣センター」にも空きが目立つようになり、徒歩圏で食事や買い物ができる場所が少なくなりつつあります。そこで槇塚台では近隣センターの空き店舗を、配食サービスの拠点を兼ねたレストランに改装、子どもから高齢者までみんなが集える〝食卓〟をつくることにしました。

槇塚台レストラン

トイレ

子ども連れのお母さんや高齢者だけでなく、介助が必要な車いす利用者も安心して利用できるトイレ。入り口と便器をつなぐカウンターがさまざまな機能を果たす。

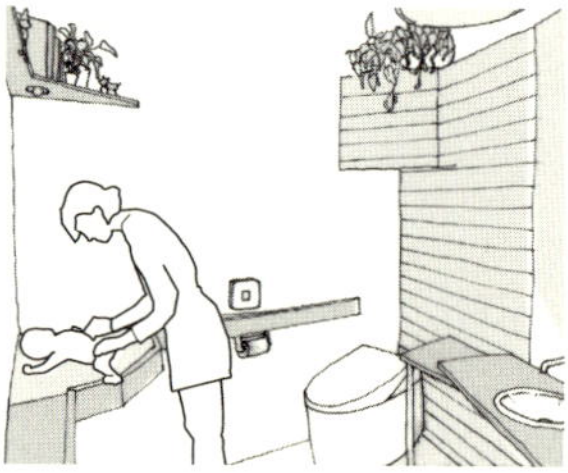

キッチン

カウンターごしに調理器具が見える厨房。

ダイニング

地域の人々が自らブロックをはめ込んで出来上がった木の壁。棚には持ち寄られた置物や植物が自由に飾られていく。ここで使用される椅子は地域で余ったものを再利用している。

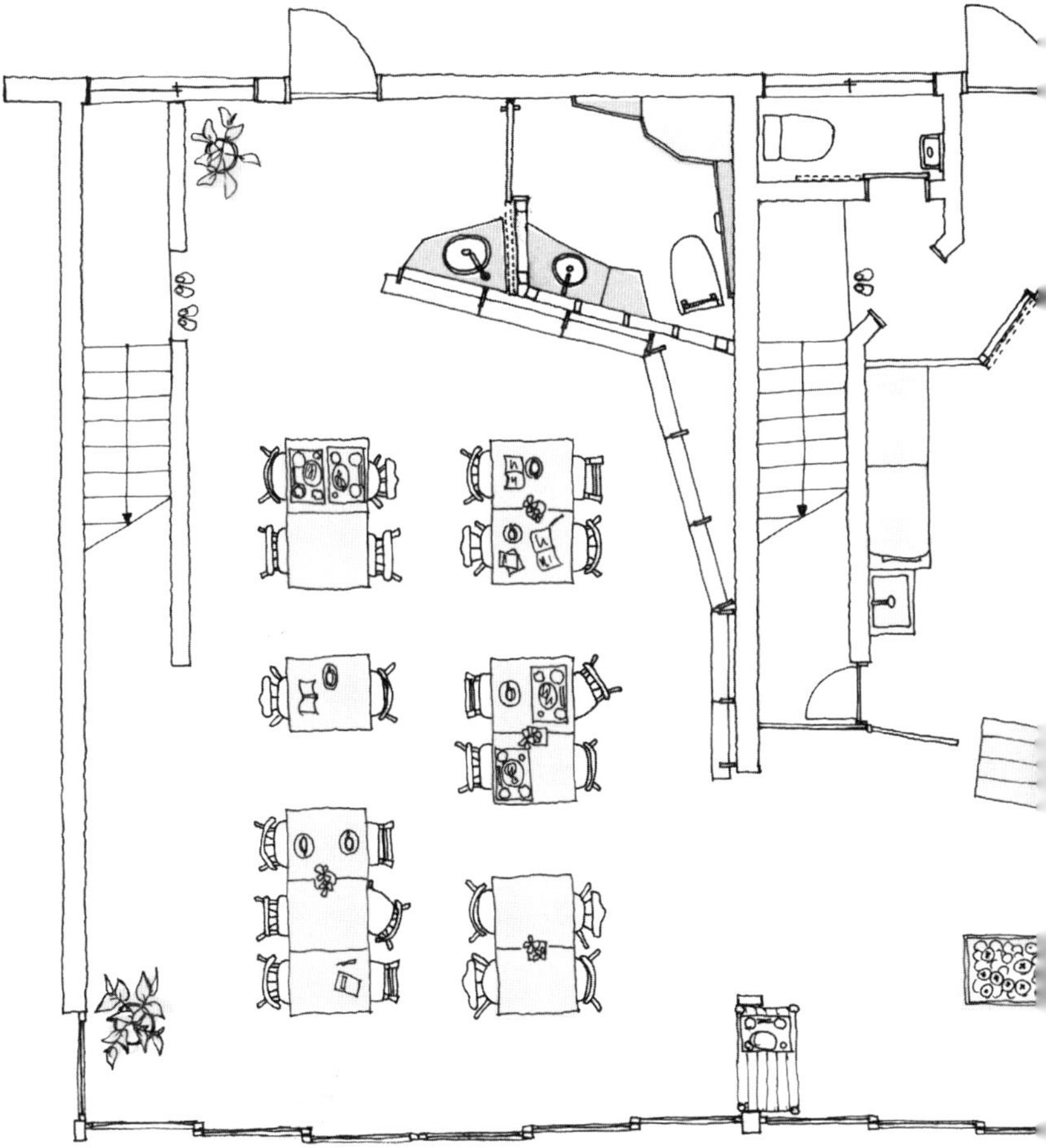

歩いていけるレストランをつくろう

NPO運営
西上さん

私は泉北を拠点に、NPO法人すまいるセンターを約14年間主宰しています。地元の高齢者と関わる中で、彼らが地域に住み続けることの難しさに気付き「泉北ほっとけないネットワーク」をいくつかの組織や大学、地域の方などと協力して立ち上げました。

建築計画学
森さん

大阪府堺市の泉北ニュータウンは「10年先の日本の姿」といわれています。10年後の日本は、65歳以上が人口の3割を占める超高齢社会になると予測されていますが、このまちではすでに3割に達しているからです。

西上孔雄　NPO法人すまいるセンター代表理事。一級建築士・宅地建物取引士。泉北ニュータウンがまちびらきした1967年、隣接する美木多村に生まれる。2003年にNPO法人すまいるセンターを立ち上げ、民間の包括支援センター的事業を開始。ニュータウン内の住民の一人として地元工務店の3代目を務める傍ら市民主体のまちづくりに取り組んでいる。

森　一彦　大阪市立大学大学院生活科学研究科教授。一級建築士。専門は建築計画、福祉環境学。既存施設の福祉転用を研究テーマの一つとする。2010年に西上孔雄らとともに、「泉北ほっとけないネットワーク」を立ち上げ、主導的に関わっている。

NPO運営
西上さん

　高齢者がこのまちに暮らし続けるためには住む場所を用意するのみならず、健康面でのサポートが必要です。泉北ニュータウンでは近年、自宅から徒歩圏の商店が減りつつあり、交通弱者が買い物しにくいという生活環境を要因に、健康の基盤となるべき食生活が荒れるという傾向が顕在化しつつありました。また、槇塚台の近隣センターには食事ができる場所がありませんでした。そもそも都市計画上の制限が厳しい泉北ニュータウンの場合、お店を開けるのはほぼ近隣センターに限られているのですが、その中にさえ食事をできる場所が1軒もなかったのです。

　そこに地域レストランをつくれば、食事を提供するだけではなく、気軽に地域の方が集えるコミュニティスペースとして役立てられるだろうと、空き店舗に配食サービスの拠点として機能する大きなキッチンと、食事ができ、人々が集まることができるスペースを持つレストランを設置することにしました。

のちにレストランへと改装した近隣センター内の空き店舗。
以前はお米屋さんと洋服屋さんだった。

建築設計
松本さん

大阪市立大学で非常勤講師をしている縁で2010年の夏頃から、設計チームとして泉北ほっとけないネットワークの取り組みに関わっています。槇塚台レストランの設計を手伝うことになったのは2010年10月で、設計をはじめたのは年明けです。槇塚台レストランは近隣センターの中のもと空き店舗（65㎡）2区画をつなげて営業しています。全国の例にもれず、槇塚台の近隣センターもシャッターの下ろされている店舗が目立ち、幹線道路を挟んで反対側にスーパー、コンビニはあるものの、まちの商店街としての機能はほぼ失われていました。特に飲食のできる場所がなく、人が留まるところがないのが印象的でした。プロジェクトの初期から第二章で紹介する高齢者支援住宅と併せて配食とレストランを展開するアイデアが出ていたのは、高齢者のためはもとより、地域のため。近隣センターをいろいろな世代の人が留まり憩える場所にするための大切なポイントでした。

松本尚子　建築家。木村吉成とともに、木村松本建築設計事務所共同主宰。大阪市立大学非常勤講師。当時大学の近くに事務所を構えていた縁で大阪市立大学の森一彦教授に誘われ、泉北ほっとけないネットワークに2010年から関わる。

NPO運営
西上さん

近隣センター内に空き店舗を探してみたところ、たまたま2軒並びの空きがありました。近隣センターの店舗の所有者は個人です。そこで所有者に交渉し、賃貸借契約を結びました。近隣センターの店舗の所有者にはもともと地域の地主だった方が多く、そのことも空き店舗が多い理由の一つではないかと考えられます。

泉北ほっとけないネットワークは平成22（2010）年度「国土交通省 高齢者等居住安定化推進事業」に選定され、2011年度から13年度までの事業ではその補助金を活用していますが、主な用途は改修工事費とされ、家賃などの運営費には使えないため、家賃をまかなうために別の方法を探しました。立ち上げから3年間分の家賃の2/3は、堺市の「地域共生ステーション推進モデル事業」の補助金でまかなうことができました。

人が集うカウンターづくり

建築設計
松本さん

空き店舗2棟が使用できる時期がずれていたので、まず大きい厨房をつくり、2011年5月に配食サービスとお弁当の販売を開始。約半年後の２０１１年11月に食事スペースをオープンさせました。

設計にあたっては、地域の人たちが食べる場所として、「家のようなあたたかさ」と子どもたちも立ち寄れるような「オープンな雰囲気」を大切にしました。１軒目はつくる人と食べる人が出会うホールに幅５m、奥行70cmの大きなカウンターを設置し、このカウンターを中心に車いす利用者や朝市などのイベントに対応できるようなゆったりした販売スペースを取りました。厨房はつくる人がよく見える島状のオープンレイアウトとしました。

２軒目のレストランはイベントにも使えるよう広さを確保し、天井の高低差や木のかけらを用いた壁がもたらす明暗のグラデーションが利用者の居場所をつくり出すような空間としました。表には誰でも入れ、前の公園を含めたイベントなどにも対応できるように、全面開放できる12枚のガラス引き戸を設置しました。鉄筋コンクリート造／連棟形式の建物ですが、２軒の間は構造上支障のない壁の一部を取り払い、来客者やスタッフのスムーズな行き来を可能にしています。

現在は、いつも同じ席に座られる方やパソコンでお仕事をされる方もいて、家の延長のような場所として定着しています。レストランイベントがきっかけで公園で遊ぶ子どもたちが増え、お母さんたちのおしゃべりの場所にも使われています。

使いやすい厨房システムを考える

栄養学
新宅さん

2010年より大阪市立大学大学院生活科学研究科後期博士課程に在籍し、春木敏先生の指導のもと高齢者の食について研究を進めていたことがきっかけで、槇塚台レストランに関わることになりました。

レストランで食事を提供する際には、衛生面に気を付けることが大切です。感染予防や食中毒予防のために、食品を取り扱う場合には「石けん液で洗浄→流水ですすぐ→ペーパータオルでふく→手指消毒剤を使用する」という「衛生的手洗い」をします。調理の前に手洗いができるように、厨房の出入り口に手洗い場を設けました。

「ごはんはヘルシーメニューの〝核〟となり米の使用量も多いので洗米器が必要」というように厨房機器の選定を考えました。家庭では鍋で煮る・フライパンで焼くなど調理方法により使用器具を変えますが、大量調理ではスチームコンベクション

新宅賀洋　帝塚山大学教授。高齢者のQOL向上に向けた食生活支援を研究。当時は甲子園短期大学に勤務し、管理栄養士として介護福祉士の養成に携わっていた。

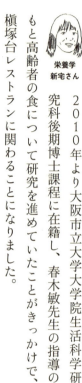

が「焼く・煮る・炊く・炒める・揚げる・茹でる・蒸す・温める」などをこなします。換気が必要なガスコンロも並べて配置しました。シンクは野菜などの下処理用と器具洗い用など衛生的に作業するため用途別に二つ設け、調理台下には調理で使用する器具がすぐ取り出せるよう扉付き物入れがあります。カウンターから使用済みの食器が返却されるので、カウンター付近に食器洗浄機を配置しました。

調理するための厨房機器は他にもありますが、作業する動線を考えたうえで限られた空間の中で厨房機器を配置し現在に至っています。

地域の食卓づくりは弁当販売と配食サービスから

栄養学
早見さん

私は大阪市立大学大学院生活科学研究科の教員として、栄養教育研究室に所属しています。春木先生が森先生からレストランをやりませんかという誘いを受けた

厨房の内観。

早見直美　大阪市立大学生活科学研究科食・健康科学講座講師。専門は健康教育・栄養教育。

こをとを機に、私も槇塚台レストラン立ち上げ時から調理機器の整備、献立作成、その他運営の支援を行ってきました。

槇塚台レストランは、厨房スペースを利用した弁当販売と、弁当を自宅へ届ける配食サービスからスタートしました。地域みんなの食卓が目指すところは集って食べる食卓ですが、喫食スペースのオープンを心待ちにしながら、まずは安心安全の食事を地域の方へ届けることが当面の目標になりました。

そしてオープンの日、野菜市や抽選会イベントを行ったこともあり、近隣の方を中心に多くの方に足を運んでいただき大盛況でした。初日は手づくりしゅうまいに野菜をたっぷり使ったおかずが入った弁当を用意しました。私は当日、販売の手伝いをしていましたが、ついにお弁当が地域の方の手にわたるということで、うれしいのはもちろんですが、献立作成や衛生管理などの責任感もあり、良い意味で緊張したのを覚えています。

初日は予定数を完売し、順調な滑り出し……と思いきや、その後は日によって客足に差があり、1人増えた1人減ったと一

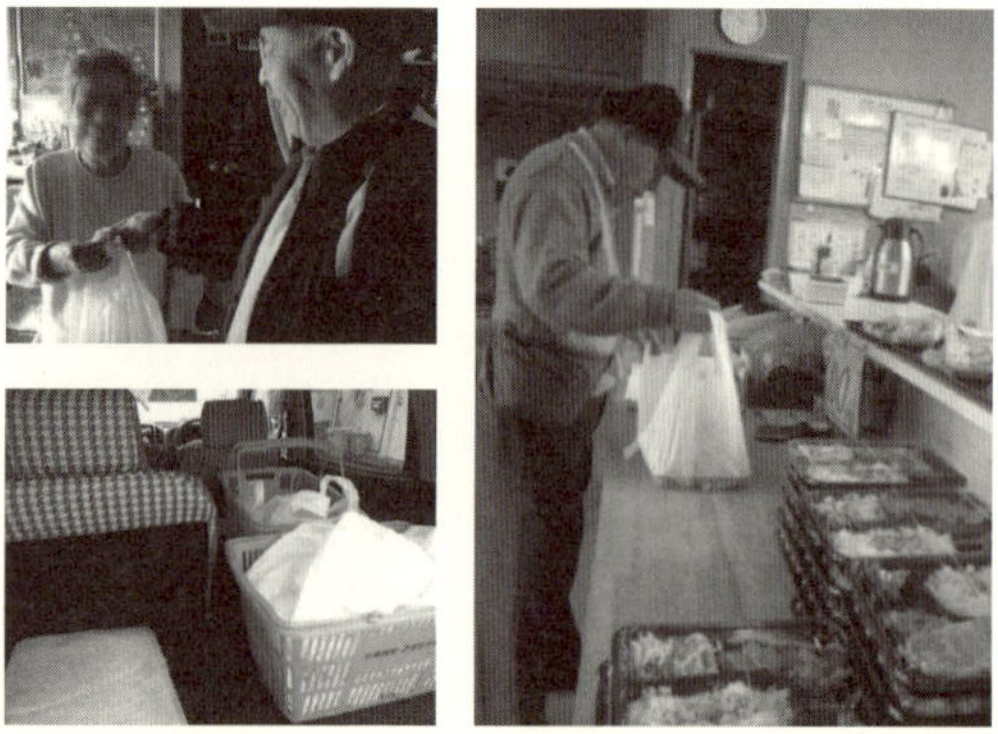

配食サービスの流れ。レストランで調理し、車に積んで各住戸へと配達する。

喜一憂する日が続きました。健康的なお弁当だけれど、買ってもらわなくては意味がありません。利用者からの食事への感想を聞きながら、少しずつ改良を加えていきました。

利用者が増えない理由はお弁当以外にもありました。レストランは大きな道から見えず、前を通る人が少なく、また通ったとしても気付かない人もいました。「ここは何だろう？」といった感じで、遠くから見ている人が多かったように思います。けれど、利用いただいた方からは、「健康的なお弁当がうれしい」「ありがとう」「頑張ってね」との声もあり、必ず地域に受け入れられる日が来ると信じ、泉北ほっとけないネットワークのメンバー中心に地道に周知を行いました。地域回覧板への掲載、周辺住民へのチラシ配布、地元新鮮野菜販売の朝市の開催、2週間分のわかりやすい弁当メニュー表を事前配布するなどさまざまな方法でPRを行いました。メニュー表は特に好評で、槇塚台レストランだよりとして今もずっと続いています。

レストランスタッフも地域の夏祭りで特製ちらし寿司を販売

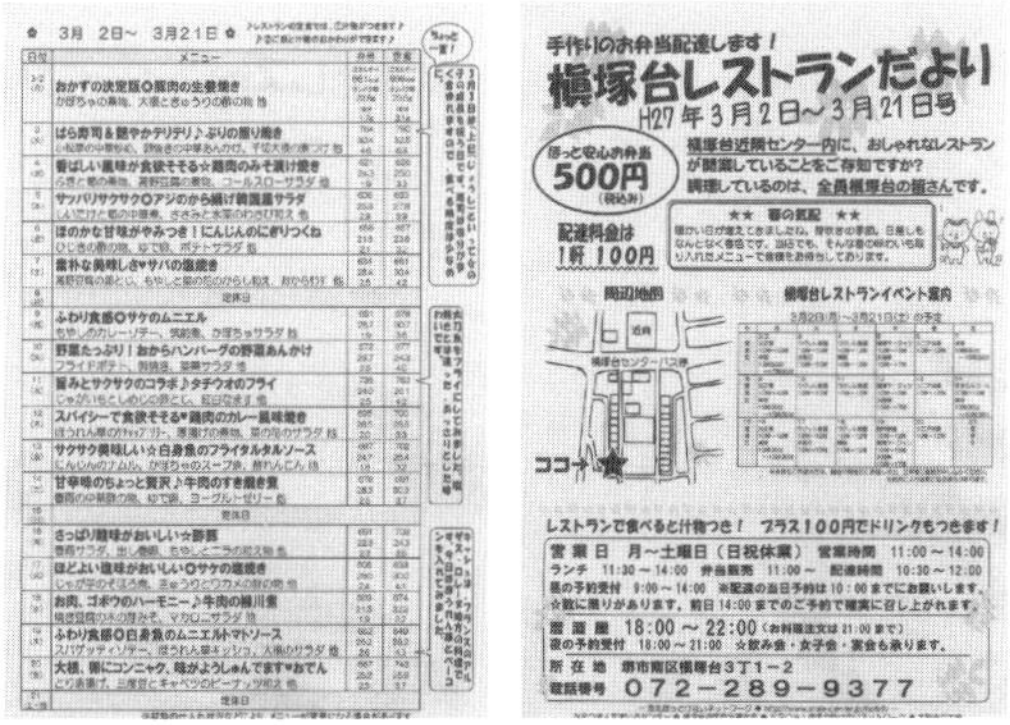

槇塚台レストランだより。

するなど、できるだけ多くの方に知っていただきレストランへ足を運んでいただけるよう頑張りました。イベントだと売れるけれど、日常的な利用数に反映されず、〝種まき〟の期間が随分と長く感じ、地域レストラン運営の難しさを実感することもありました。その後、種が少しずつ芽を出し、固定客ができたことや地域イベントでの利用、配食の大口注文などもあり、少しずつ地域の方に知っていただき受け入れられていく中、待ちに待った喫食スペースのオープンを迎えることができました。

大学生が取り組んだ客席のデザイン

建築設計
木村さん

松本とともに設計事務所を主宰し、泉北ほっとけないネットワークの取り組みにもともに関わっています。２０１１年春から、槇塚台レストランの客席の設計をはじめました。設計は、第二章で述べる高齢者支援住宅の設計に関わった大阪市立大学の大学院生から希望者を募り、弦巻

木村吉成　建築家。松本尚子とともに、木村松本建築設計事務所共同主宰。大阪市立大学非常勤講師。泉北ほっとけないネットワークに２０１０年から関わっている。

雷さん、芦田晴香さんの2名に任せました。高齢者支援住宅のときは、基本設計（大まかなレイアウトの設計）だけをやってもらったのですが、レストランでは大学院生により深くプロジェクトに関わってもらおうと、実施設計図（工事に必要な詳しい情報が盛り込まれた図面）と工事監理（工事が設計図の通りにできているかのチェック）まで彼ら中心でやってもらうことにしました。私たち木村、松本、白須寛規の3名は大学の非常勤講師という立場から、ピーク時には週1回という頻度で担当の2名の大学院生に、図面の描き方、建材、細部のおさめ方などを教えました。彼らは原寸大の模型をつくって、高齢者や車いすの利用者が無理なく動作できるか寸法を確認するなど、とても熱心に取り組んでくれました。

地域の人たちでレストランの棚を手づくり

建築設計
白須さん

木村さんに誘われ、2010年秋から泉北ほっとけないネットワークに関わっています。

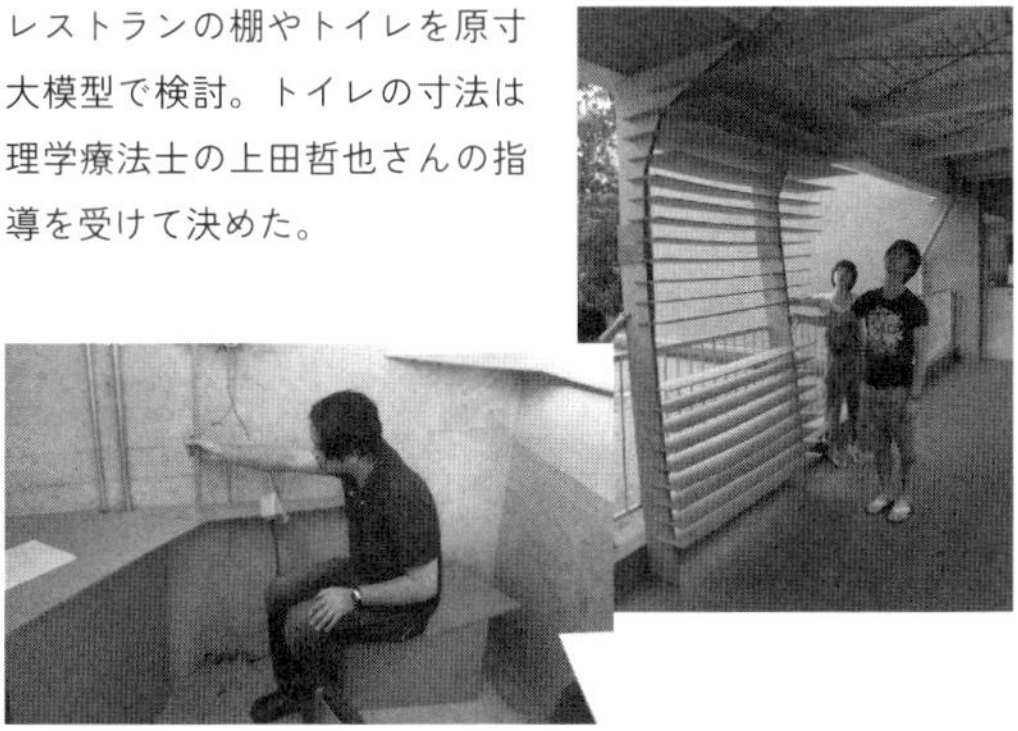

レストランの棚やトイレを原寸大模型で検討。トイレの寸法は理学療法士の上田哲也さんの指導を受けて決めた。

白須寛規　建築家。design SU主宰。出身大学の大阪市立大学で非常勤講師を務める。泉北ほっとけないネットワークに2010年から関わる。

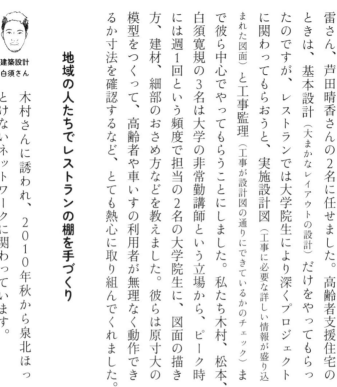

レストランの内装。施工性やコスト、棚の機能、空間的効果を検討して生まれた、合板による、のびやかで有機的な仕上げ。

槇塚台レストランの客席エリアの大きな特色は、壁一面を覆う棚と、空間を包み込むように棚板が張り出した天井です。通常通りに壁を仕上げていくなら、下地をつくって板材を貼ってペンキを塗ったり壁紙を貼ったりするのですが、これでは大工手間が多くお金がかかってしまいます。そこで壁の仕上げをせずとも成り立つよう、棚でレストランの空間を囲むことにしました。さらに食器を返却する、プロジェクターをセットする、といった機能的なニーズを満たし、地域の方々が集い、食事をする場にふさわしいやわらかい雰囲気をもたらすといった効果も考えて設計しました。

さらにレストランを地域のみなさんが自分の居場所として使ってもらえるように、棚の工事の最後を地域のみなさんにワークショップで手伝ってもらうことにしました。小さなブロックで棚を埋めてもらうことで壁を完成させるというものです。

ワークショップは、２０１１年11月5日の土曜日に開催しました。設計を担当した学生たちがチラシをつくって地域のみなさんに告知しました。杉、桧、ヒバ、松、集成材など、たくさんの種類のブロックを用意しました。参加者はその中から好きなブロックを選び、棚の好きな場所に置くだけなので、通りすがりの方やお弁当を買いに来た方も、気軽に参加できました。朝11時のスタート時点は棚がスカスカでしたが、人が立ち寄るごとに壁面が徐々に埋まっていきました。子どもたちはブロックを手に取って、匂いを嗅いだり積んで遊んだりしていました。自分のお気に入りの場所にお気に入りのブロックを詰めてもらうことで、新しくできた場所に親しみを感じてもらうことができたのではないでしょうか。

家庭で使われなくなった椅子を再利用

建築設計
木村さん

レストランに使う椅子についても工夫しました。新しく同じ形のものを購入することはとても簡単ですが、地域の人々の日常的な場所となることを願ったこのレストランには、もっとふさわしい揃え方があるように思ったからです。地域には子どもたちが独立し、単身あるいは夫婦2人となった高齢者世帯が多くあります。そうした家庭で使われなくなった椅子を、地域で活動する木工サークル「創《そう》の会」の手で再生し、家庭からレストランに移動させることにしました。

棚づくりワークショップの様子。

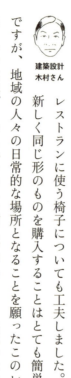

同じように、家庭で使われぬまま眠っていた食器類も提供してもらい、レストランの食事で利用することにしました。

かつては家族の団らんのために使われていた道具が、今度はここで地域の団らんのために使われます。不揃いな椅子や食器の並ぶレストランの風景は、それぞれの家族が過ごしてきた時間、さらにこのまちが過ごしてきた時間を思い起こさせます。地域の人たちに大切に使ってもらえるよう、単に便利な建物をデザインするのではなく、こうやっていわば「なじみ」をデザインしてみました。

誰もが使えるトイレの工夫

リハビリ
高井さん

槇塚台レストランのトイレには、小さなお子さんを持つお母さんや車いすの方も使いやすい工夫が施されています。実際にトイレ内の写真をご覧ください。手すりがどこにもないことに気付かれましたか？

再利用された家具。

高井逸史　大阪経済大学教授。専門はリハビリ。泉北ほっとけないネットワークに2011年から関わっている。槇塚台の人たちにとっての「体操の先生」。

本当に障がい者の方が利用できるのか、疑問に思う読者も少なくないと思います。通常、駅構内など公共施設の障がい者用トイレには必ず手すりが設置されています。光沢のある金属製手すりに覆われたトイレを一度は見かけたことがあるかと思います。手すりは足などに障がいがあり、立ち上がり動作など介助が必要な方には不可欠な道具です。しかし、誰もが金属製の手すりで覆われた空間で用を足すより、落ち着いた空間で用を足したいもんです。

そこで壁側に木製のせり出し部分を設け、そこへ軽く握れる程度の縁を取り付けました。この縁が手すりの機能をある程度代用してくれます。さらに赤ちゃんのおむつ交換のスペースを設けるため、せり出しの中央部を広くしました。もちろん介護者のスペースも確保しており介護もしやすい工夫を施していきます。地域住民の誰もが利用するトイレこそ、こうしたユニバーサルデザインが必要だと思います。

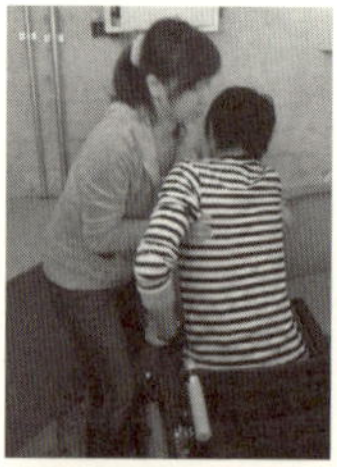

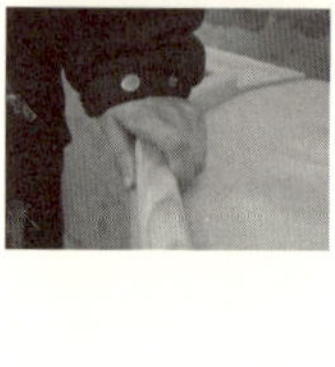

レストランのトイレ。手すりではなくせり出した縁をつかむ。広くて使いやすい。

四季折々、安心安全のメニュー

管理栄養士
橋本さん

槇塚台レストランでは安全・安心な食事が提供できるよう、地域スタッフの支援として管理栄養士が関わり、栄養バランスを調整しています。健康な身体を維持するヘルシー&おいしい食事は、高齢者はもとより、生活習慣病予防のためのメタボ世代をはじめ、発育盛りの子育て世代まで幅広い世代にとってうれしいものです。

２０１１年５月オープンのレストランの運営は、スタッフ（地域在住主婦）とともに大阪市立大学大学院生活科学研究科食・健康科学健康科学講座 栄養教育研究室の学生さんと春木先生、早見先生が支援されてきました。２０１３年５月より、私、大阪府栄養士会理事の橋本通子（管理栄養士）がバトンを受け、今日に至ります。

オープン当初より、安全・安心をモットーに、レストランで提供するメニューにはいくつかのルールがあります。まず、

橋本通子（公社）大阪府栄養士会理事として地域栄養活動に積極的に取り組む、料理大好きベテラン管理栄養士。季節の手づくりジャムはFAUCHONに並ぶほど、といわれる逸品。レストランイベントで振舞う抹茶と手づくりの和菓子もプロ級。

主食・主菜・副菜がバランスよく揃っていること。主食（米飯200g）は白飯か発芽玄米入りごはんかを選択でき、年齢やその日の体調によりオーダーいただけます。1食に使う野菜は100g以上を目標とし、塩分2g以下（みそ汁は除く）となるよう工夫して調製しています。

バランスの取れた食事を調達するのが困難な高齢世代の方たちの食支援はもちろんですが、毎日利用する方、毎週同じ曜日に利用する方にも喜んでいただけるよう、主菜の食材、調理法の組み合せを工夫し、同じ曜日に重ならないよう配慮していますす。その他にも、お米は地元の上神谷米にこだわり、卵は堺の養鶏場から、野菜も近隣の八百屋さんの協力を得て堺産、国内産を中心とした食材を使っています。時にはまちかどステーション（→P・158）の野菜をみそ汁の具材や浅漬けに利用するなど、できるだけ地場産のものを使用する工夫をしています。

管理栄養士が関わる取り組みとしては、栄養価計算をベースに、テーブルにメニューの栄養バランスに関するポップを設置

レストランの定食の一例。左は最新のもの。

し、槙塚台レストランだよりにも旬野菜や栄養に関するミニ情報を掲載するなどの情報発信を心がけています。管理栄養士の出勤日（週1回）に、地域の方からの食事や栄養に関する相談にも乗ります。管理栄養士の支援を見習ってスタッフもともに学び、自信を持って活動し、利用者の健康管理を気遣ってくれます。介護食のメニュー提供や、社会福祉法人美木多園主催での、認知症の方の家族のレスパイトケア（月1回）などもはじめました。

　おいしいランチを食べ、ほっと安心の槙塚台のコア・スペースとして身近な存在になっています。年に何回か行なうイベントも好評で、スタッフ一同、槙塚台のヘルシーレストランとして食・健康情報を発信しながら地域に根差した活発な活動が続いていくよう日々頑張っています。

店内のポップ。

利用者からのうれしい声

栄養学
早見さん

オープン当初は味が薄い、物足りないなどの声もありましたが、うれしいことに、少しずつ利用者の方から「自宅での夕飯をレストランメニューに習って食べるようにしたら健康的に減量できた」「味付けの目安にして健康管理に役立てています」という声をいただくようになりました。レストランの食事は地域の方の〝健康的な食事の手本〟を自然に学べる栄養教育ツールとしての役割も担いつつあるようです。他にも、「透析をしているけれどもみそ汁は具だけ食べて汁を残せばいいし、槙塚台レストランの食事は安心して食べられる」など、多くの方にとってのヘルシーメニューとして受け入れられてきています。ということは、少しずつ地域の方の嗜好がヘルシーな味に満足できるようになってきているのかもしれません。今後さらに利用者層が広がり、レストランの味をみんながおいしいねと言えるよう願っています。

住谷さん

定年退職後、時間的に余裕ができました。そのときにふと、妻のお三度は定年がないなあと。きっと妻にもやりたいことがあるだろうと思い、せめて昼食だけは何を食べるかを考えたり買い物や調理をしたりに時間を取られず、自由な時間を持てるよう、サービスを利用しはじめました。実際に、妻は楽になったようで機織りを始めたり、旅行に出かけたりといきいきしています。申し込む前には一度夫婦でレストランへ行って、味を確認しました。薄味で、メインはしっかりあって、他のおかずは多品種、少量なのがうれしいし、ごはんもおいしい。自分で気に入って決めたので、毎日待ち遠しく、残さず食べています。

消極的な理由で利用する人が多いだろうし、周囲には贅沢だという人もいる。けれど、これからは「金持ちよりも、時間もち」だと思います。好きなことをして充実した時間を過ごすために1食は心配なく食べられるようにしておきたい。今後も積極的に利用していきます。

住谷さん　70代後半。槇塚台在住35年以上。現在は夫婦で暮らしている。配食サービスを利用して約2年になる。配食サービスを利用することで、時間が生まれ、健康にもよいと一石二鳥と喜んでいる。周囲の人にも新しい積極的な利用をお勧めしたい。

葉山さん

いつも心を込めて持ってきてくれるのがとてもありがたい。トラックで配達してくれるものを頼んでいた時期もあったけれど、（槇塚台レストランは）本当によくしてくれるので助かっています。食べたときも、ひとつひとつ心を込めてつくってくれているのがわかるので、ありがたい。テレビで紹介されるような派手な食事ではないけれど、じゃがいもがあったり、野菜を炊いたものがあったり、薄味でも伝わるものがある。もっと昔なつかしいメニューがあってもうれしいかな。たまには息子に外に食べに連れて行ってもらうこともあるけれど、毎日の食事にはありがたいです。

葉山さん　91歳。槇塚台在住40年以上。現在は1人暮らし。時々近所の友人に電話をして、世間話をすることも。足が悪いため、ヘルパーさんや息子さんが自宅へサポートしにきている。

ニーズに対応し、変化を続ける配食サービス

栄養学
早見さん

槇塚台レストランが地域の食生活改善を目指すにあたり、〝食卓〟へ足を運べない人に対してどう食事支援を行うかは重要な課題です。配食サービスは、食を通

して高齢者が地域の中で生活の質（QOL）を保ちながら心豊かに生活し、自立した生活を維持し介護予防を図る上で欠かせません。また配食サービスによる独居高齢者の安否確認は、地域との関わりが少ない高齢者の重要な近況把握の場となります。オープン前のワークショップでは、地域の方から「食べに行くから今は配食を利用しないと思う。でもさらに年を取って病気になったときのことを思うと、配食があると知っていると安心できる」という声もあり、今後さらに高齢化が進むと予想される地域で配食サービスを先行させる意義がうかがえます。

実際に、レストランオープン時は1日1個の配達だったのが、2017年6月現在約40食、週2回デイサービスより20食の注文を受けるようになりました。時々イベント用のお弁当やオードブルの注文もいただき、特別料金で対応しています。定期的に利用する方にとっては手づくりということが魅力のようです。当初は配達員も1名でしたが、少しずつ形を変え今は2名の方が担当しています。また、その利用用途も広がりを見

オープン当初のお弁当。量が足りない、味が足りない、などないないづくしの厳しい意見をもらう。

お弁当2代目。黒い容器はおいしそうに見えないという意見を受ける。

せてきています。最初は個人のお宅へお届けするのが中心でしたが、今では施設や職場、地域イベントなどの大口注文も増え、ケータリングやオードブルの注文も対応するなど、地域のニーズに応えています。利用者の方のニーズも、外へ出られないからという理由だけでなく、自由な時間を確保するために昼食はレストランに任せたいなど、地域の方の生活を豊かにする支援ができるサービスとなってきています。今後は夕食の配食サービスも開始予定です。

レストランが居酒屋になった!?

建築設計
松本さん

現在、お昼のお弁当の販売・レストランでの食事ともに常連さんが増えています。さらに夜の食堂＝居酒屋も開けてほしいという要望が増え、とうとう「居酒屋まっきー」がオープンしました。夜に飲んだり食べたりする場所がないこの地域の常連さんたちでいつも賑わっています。

お弁当3代目。花柄の容器を使ってみた時期。

最新のお弁当。おかずを入れる部分が三つのシンプルな容器に落ち着く。

1人暮らしのおじさん同士がおしゃべりを楽しみに通っていたり、高齢者や共働き夫婦など昼には接点がない世代が出会い、誰々さんしばらく来ないねと心配しあっていたりします。地域限定のゆるやかな顔見知りのいる場所は、サードプレイス[*1]や弱いセーフティーネット[*2]としても機能しているようです。また厨房とホールの間にある5mのカウンターは居酒屋のカウンターとしてもピッタリだったようで、昼はお弁当の販売場所として、夜は居酒屋の客席として大活躍しています。居酒屋の客席という予想外の用途に転用できたこの長いカウンターのように、使う人の想像力を刺激するような冗長性のある計画が求められていると感じています。

瀧口さん（妻）

当初男性1人ではじめる予定が、乾きものや出来合いのものしか提供しないと聞いて、「そらあかん！」ということで手伝いはじめたのがきっかけです。ここに来ると会話があってとにかく楽しい。1人の人も多いし、み

居酒屋まっきー。

*1 自宅や職場とは別の、第3の心地良い居場所のこと。人の暮らしや地域社会にとって重要な役割を担うと近年注目を集める概念。

*2 安全網と訳される。経済活動の外側で、生活を担保する社会保障のこと。

んな何かしら出会いを求めてやって来ていると思います。毎日来てくれる人もいて、オープンから今まで「ぼうず」は1日もないね。

瀧口さん（夫）

みんな昼は別の仕事をしているので、体力的にきついときもあります。私たちはほぼボランティアなので、頑張って儲けても私たちには入りません。だからサービスできるところもあるんかな。まあ、昼の仕事も続けるし、そこは割り切ってやっています。でもレストランが続く限り、居酒屋も続けますよ。

嘉陽さん

ここの一番の魅力は、横のつながり。友達ができること。今度、ここのお客さんとスタッフと20人くらいでボーリング大会も開催します。夜に知り合った仲間で昼にも出かけるようになって、楽しみがまた増えました。

瀧口さん夫妻　槇塚台在住30年以上。週3日ほど夫婦でカウンターに立つ。ご主人はお酒を一滴も飲まないためか、知り合いもあまりいなかった。心配した奥様がご主人を誘って居酒屋スタッフをはじめ、今では知り合いが増えてひと安心だそう。少々飲み過ぎたお客さんを心配して、ご主人が車で送ることも。（コメントは2015年1月現在。瀧口夫妻は同年8月まで勤務）

嘉陽さん　60歳。槇塚台には34年住んでいる。近所に夫と2人暮らし。季節に合ったおいしい手料理が好評。餃子の皮のピザなどの創作料理も提供している。月曜日から土曜日までほぼ毎日カウンターに立つ。実はお酒が強いそう。

建築計画学
森さん

ある夜、通りがかったおばあさんがあかりと匂いに誘われ、居酒屋にふらりと立ち寄られました。まあまあと振る舞っているうちに話の辻褄が合いません。そこでやっと認知症に気付きました。延々20km歩いた後、居酒屋での無事保護となりました。認知症ケアは地域での実践が求められていますが、このケースでは認知症ケアを目的とせずに設立した福祉拠点が思わぬつながりを生み、認知症高齢者を支える地域包括ケアシステムとして、一つの役割を果たすことができました。

栄養学
早見さん

槇塚台レストランが地域レストランとして根付いていくためには、そのソフト面の充実に地域住民の主体的な関わりが不可欠と感じています。決して順風満帆とはいえないレストラン運営ですが、ビジネスのスマートさにはない、ある意味で不器用な活動をスタッフ、利用者がともに経験することで、空間に愛着が生まれ、地域の中で育てられていくものです。実際、私たちが当初計画していたときには想像も

常連さんとのひとコマ。／ボトルキープ用棚。

していなかった居酒屋のような自発的な活用方法が考案され、レストランの存在意義は拡大しています。槇塚台レストランの名前もオープン後にワークショップを通じて「まっきー」と名づけられました。まっきー、槇レス、槇塚台レストラン、こんな呼び名のバラエティーも、それぞれが愛着を持ってレストランと関わっていることの表れでしょう。

食べることは、生きること—地域住民が食事のあり方についいて考え、地域レストランで個々のニーズに合ったゆるやかな関わりを持つことにより、身体的健康はもちろん、健康的な食事がある安心感、人とのつながりや快活な毎日といった生活の質（QOL）へプラスとなっています。今後みんなの食卓がよりおいしく、楽しく、明るいものとなるような、地域住民主体の取り組みのきっかけづくりを支援したいと思います。

槇塚台レストランで食後のコーヒータイムを楽しむ常連客。

食卓に支えられる、高齢者の健康

厚生労働省は、2025年を目途に高齢者の尊厳の保持と自立生活支援を目的とし、可能な限り住み慣れた地域で自分らしい暮らしを人生の最期まで続けることができるよう、地域包括ケアシステムの構築を推進している。地域包括ケアシステムとは、「予防」「医療」「介護」という専門的なサービスと、その前提としての「生活支援・福祉サービス」「住まい」が相互に関与し、それぞれが連携しながら在宅高齢者の生活を支える、と定義されている。

開発時から数十年経過したニュータウンでは、団地のコア施設となる近隣センター（米穀店やベーカリー、理髪店や美容室など）は、居住者減少の煽りを受け経営困難となり、俗にシャッター街と呼ばれる現状にある。かつては、子どもたちの遊ぶ姿と笑い声が絶えなかったであろう公園には、長い夕焼けの陽が差している。追っ付け、日々の料理をつくる食材を買い求めることすらできなくなった高齢者世帯の食卓は、どのようだろうか……と気がかりになる。

2016年の厚生労働省の調査によると、女性の平均寿命は87・14歳、男性の平均寿命は80・98歳と、日本は世界でもトップクラスの長寿を誇っている。

国際的に見ても名だたる日本の長寿は、四季折々に展開されるヘルシーな食卓と適切な身体活動という日常生活にその根拠があるといえる。しかしながら、若い世代における食の欧米化、身体活動量の低下は、今後の寿命にどのような影響を与えるか懸念されるところとなっている。

高齢者世帯においても若い世代にもれず、調理をしなくても良い簡易なテイクアウト惣菜などを利用する傾向が見られ、脂質過多と野菜不足のアンバランスな食生活に陥っている状況も予測される。その一方で配食サービス利用高齢者の中には、1食分の食事を2食に分けて食べるといった少食による低栄養の状況が散見され、高齢世代においても健康的でない肥満と痩せの二極化現象が気がかりとなっている。

こうした中、奇しくも2013年には和食がユネスコ無形文化遺産として認定された。しかしながら、現在の一般的な家庭における日常食を見ると、外食、内食を問わずファストフードをはじめ、洋食や中華料理、無国籍料理などを食べている人が圧倒的に多く見られる。これらの食事はどちらかというと動物性脂質・食塩過多の一方で、和食に豊富な野菜は不足する傾向にある。加えてモータリゼーションがもたらす身体活動不足から肥満症に至るという構図の中にあるといえる。こうした食事や運動不足の生活は、高脂血症から動脈硬化症、高血圧症、肥満症といった慢性疾患をもたらし、ついには心疾患、脳卒中に至る。心疾患と脳卒中は死因の1位であるがんに次いで、2位・4位に並び（3位は肺炎。2015年、厚生労働省調べ）、これら三疾患が死因の5割強を占めるという事態に陥っている。こうした状況を見る限り、世界有数の長寿を維持することは難しいかもしれないと危惧される。

2010年に男女とも国内で長寿1位となった長野県では、従前より地域の保健医療活動が活発なことで知られる。高齢者の就業率が高く、野菜摂取量は男女とも350g以上と全国1位である。「いきいき中高年社会貢献活動支援事業」と銘打って、健康ボランティアによる自主的な健康づくりへの取り組みを活発に展開していることなども注目されている。つまり、食生活と身体活動のバランスをうまく取りながら「やりがい」や「生きがい」を持って日常生活を送ることは、心身の健康を保つことを示すものである。

堺市泉ヶ丘にある泉北ニュータウンにおいても同様の課題を有している。その一画にある槇塚台においては、2015年現在、高齢化率は41・8%と、住民10名のうち4名が高齢者となっている。2010年より国土交通省の「高齢者等居住安定化推進事業」の委託を受け、地域NPO団体、自治会員、住民、大阪市立大学生活科学部・大学院生活科学研究科の教員と学生によるプロジェクト「泉北ほっとけないネットワーク」がこのまちでスタートした。食・健康科学講座は、「高齢者等居住安定化推進事業」の計画の一つとして、地域レストランの立ち上げを支援した。レストランは、地域住民が気軽にランチを食べながら、コミュニケートできる寄り合いの場となることを目指すものであった。〝食〟を介した地域活性化を図り、高齢者をはじめ、小さな子どもを育てる世代や小中学生の保護者などの交流の場としてさらには、幼児や小中学生を対象にハロウィンやクリスマスといった季節のイベントなども企画・運営し、地域の人々が集い、交流できる場を目指すこととなった。ちょうど全国各地で、地域在住ボランティアの発案・運営による〝地域レストラン〟活動がさまざまに進められはじめているときであった。「そうだ、これだ!!」と西野自治会長(↓P・245)に相談し、子育ても一段落した身近な方々に「スタッフとして活動しましょう！」と声かけをしていただいた。

集団調理に慣れないスタッフのことを考え、作業動線と経費を考えながらの厨房レイアウトにはじまり、衛生管理第一の旗印を掲げ、参集いただいたレストランスタッフ対象に集団調理に向けてのトレーニングの準備、〃献立作成ABC〃と山積みの課題解決に向けて、地域の方々や先輩などのつながりにSOSを発信しながら、みんなで全力疾走した。

また、ユーザーとなる地域住民のニーズを汲み上げようと、森一彦教授や学生の掛け声のもとに、「どのような地域レストランができると良いだろう……!?」をテーマに自治会館でニーズ調査を兼ねたワークショップを開き、地域の方々の期待とスタッフや支援学生のモチベーションを高めていきつつ、「おいしい!!　楽しい!!　ヘルシー!!」な大きな食卓という夢を描きながら、地域住民と大学スタッフが二人三脚で歩きはじめた。

高齢化の進む槇塚台に暮らす高齢者の「食と健康」に関わる課題とは何か。1日でも長く自らの手で四季折々の食べ物を口に運び、適切な身体活動のもと、ひとりひとりが主体的に暮らすことができるよう日々の生活を営む知恵とスキルを体得し、実践するためにどうすると良いか。本章では、「泉北ほっとけないネットワーク」として住民とともに取り組んできたことについて紹介している。

春木　敏

大阪市立大学大学院生活科学研究科特任教授。国土交通省の「高齢者等居住安定化推進事業」の委託を受け、２０１０年より「泉北ほっとけないネットワーク」に参加。栄養教育の専門家の立場から、槇塚台レストランの開設および運営の指導、地域の栄養リーダー育成事業などを主導している。

コラム①

お弁当づくりの道

オープン前の1ヶ月間で何としても500円の価値がある弁当をつくる必要がありました。食事は食べた方が「おいしい」と、にこっと笑ってくださるようなものでなければなりません。とはいえ食の嗜好は十人十色。できるだけ多くの方に満足いただける弁当をつくるのは苦労の連続でした。

地域の方に参加いただいた試食会では、量が足りない、味が足りない、高齢者以外は買わないなど、ない、ないづくしの厳しい意見が続き、やっとの思いでつくったスタッフが肩を落としたことは数知れず。味以外でも、黒い容器はおいしそうに見えないとの意見を受け、どっさり容器の見本を取り寄せました。ごはんとおかずを別々にしてみたり、小さなおかずを入れる部分が6つもある容器、薄い花柄の容器にしたり、まさに試行錯誤の日々でした。

紆余曲折を経て、結局は原点に立ち返り、ほっと安心安全の気持ちを優先してメニューを考え、容器はおかずを入れるところが3つあるシンプルな黒の容器に落ち着き、レストランの定食がおいしそうにおさまっています。今思うと、地域の方に受け入れてもらいたい一心で全部の意見に無理に合わせようとしすぎていたのでしょう。地域の方も、試食会やオープン当初は外側からレストランを見ておられたところがあったのかもしれません。今は、食べる方もレストランを支える一員として同じ目線で意見をいただいています。お互いの自然な歩み寄りによりレストランの食事が洗練されてきました。これこそが、槇塚台レストランのおいしさの秘訣なのかもしれません。(早見直美)

第二章

居場所ができた——いろいろな高齢者支援住宅

泉北ニュータウンの中でも、府営住宅の空き室率が23％と高い槇塚台（泉北ニュータウン平均では15％）。団地の空き室を改装した、高齢者支援住宅の運営がなされています。

29号棟304号室 まきつかハウス

共用部に手すりを兼ねた棚を配置。伝い歩きが行えるように計画されている。家具・手すりなどの形状は部屋に溶け込むデザインながら、自然に動作ができるように工夫されている。

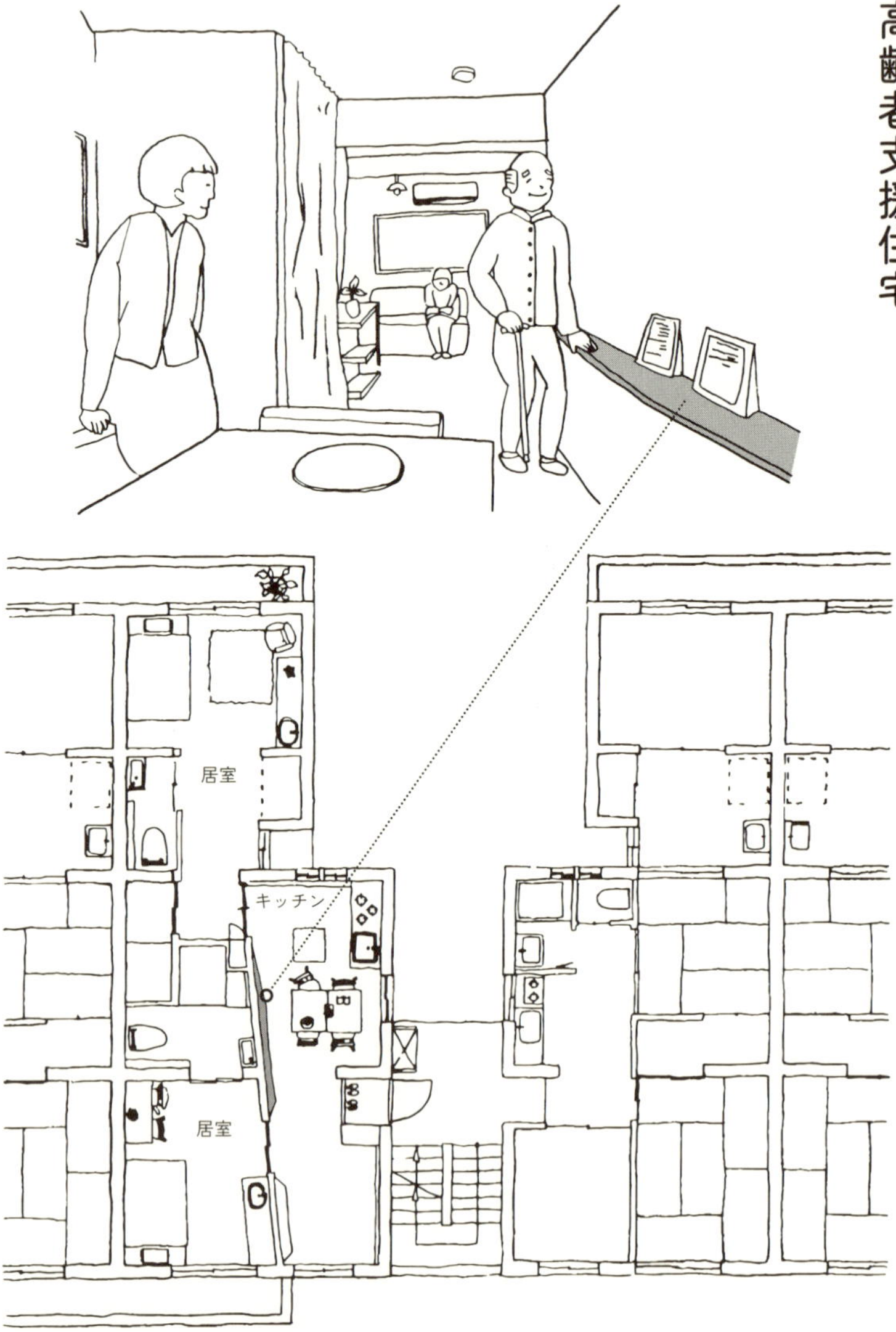

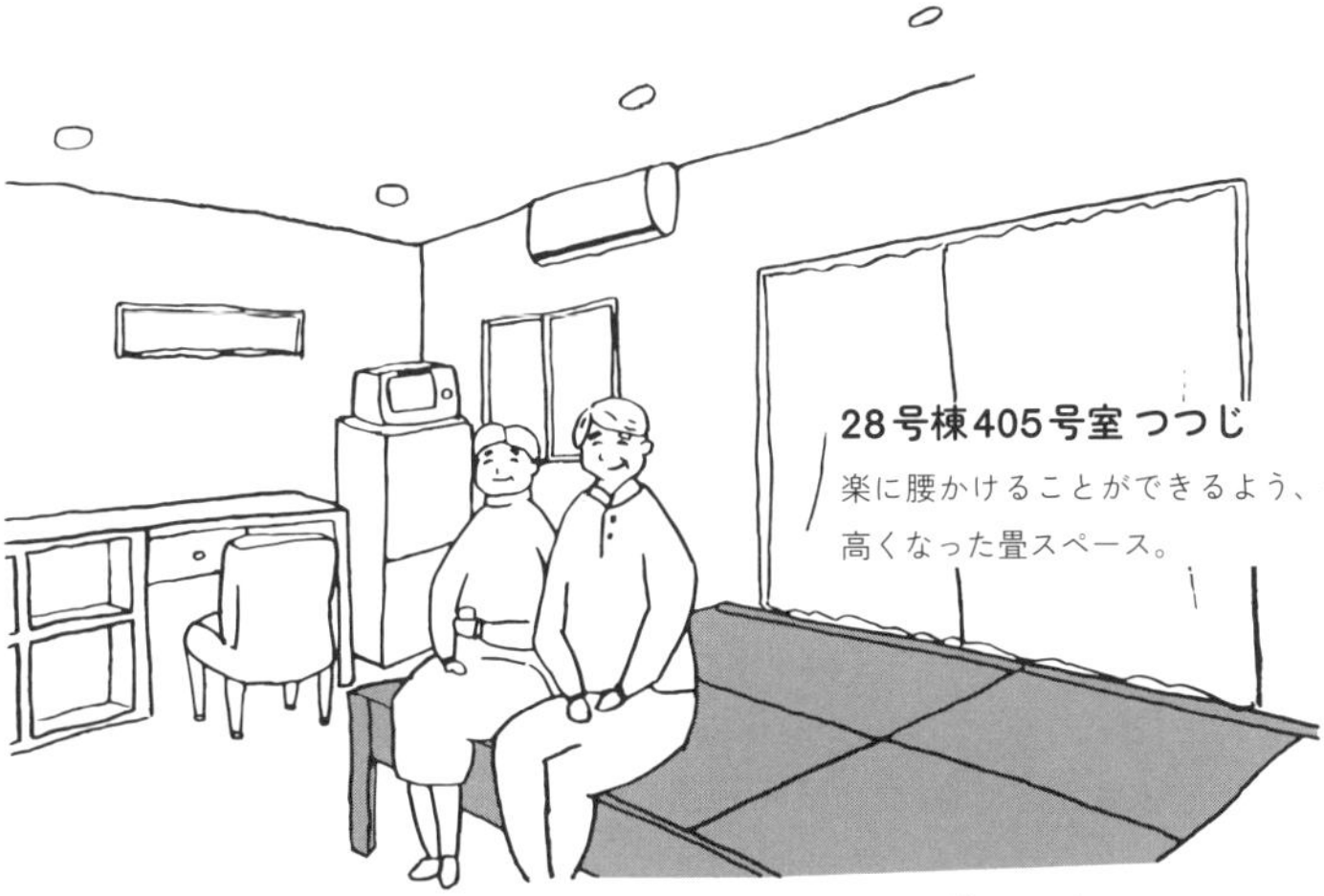

28号棟405号室 つつじ

楽に腰かけることができるよう、一段高くなった畳スペース。

28号棟404号室 やどりぎ

高齢者が無理なく立ち上がれるよう検討された、手をかけられる家具。角がカーブしていることにより、移動を補助する。

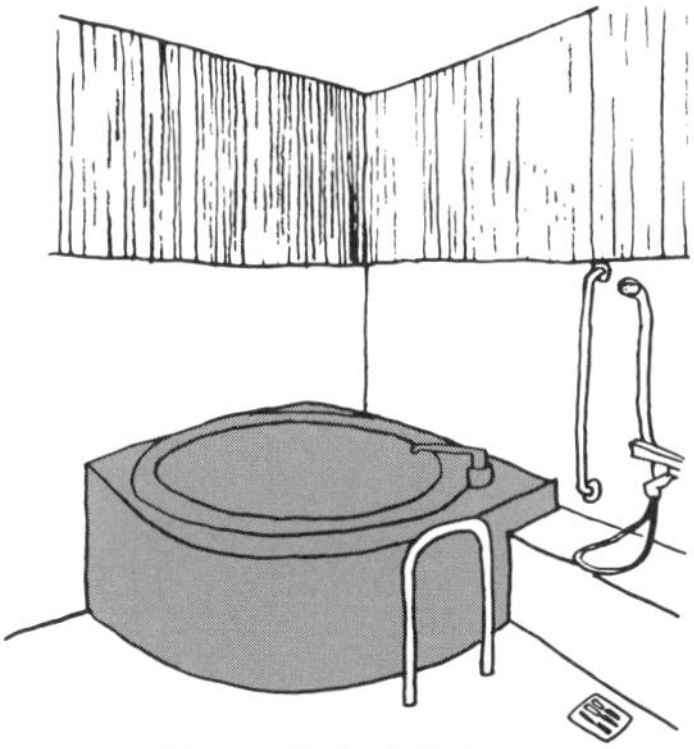

28号棟401号室 ゆおり

2方向からの介護が行えるように、円型浴槽を配置。

28号棟401号室 ゆおり

共用リビング。管理人が常駐し、各居室の見守りセンサーがここに集まっている。
重心の低い家具は、立ち上がりの補助の役割を果たし、カーテンと間仕切りによって使い方を調整する。

ニュータウンに住み続ける

社会福祉法人
西尾さん

私は泉北で16年ほど、高齢者向け福祉施設の運営に携わってきました。その経験上実感しているのは、自宅環境を適切に整備すると、高齢者の自立度を上げられるということです。多くのご家族は自宅を整備せずに介護をし、疲れて特別養護老人ホームに入れてしまいがちです。そして一般的な特別養護老人ホームの場合、介護士さんがノックもせずに部屋に入ってくるというように、プライベートと共有空間の境目がないことが自立を妨げる要因にもなっています。しかし自宅整備に目を向ければ、自立度が上がって家族は介護が楽になり、高齢者は住み慣れた地域に暮らし続けられるというメリットがあります。そして室内での生活を自立できたら次は、外の環境に目が向く。すると次の段階として高齢者への周辺支

西尾正敏　出身は泉北の「旧村」と呼ばれるニュータウン外の地区。社会福祉法人美木多園理事長。泉北で特別養護老人ホーム、老人保健施設、グループホームなどを営む。

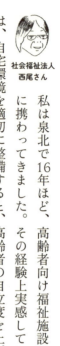

援が必要になってきます。地域に暮らし続ける高齢者を地域でサポートする仕組みが必要。私が「泉北ほっとけないネットワーク」の設立に参加したのは、そんな思いからでした。

最近泉北ニュータウンには、槇塚台のように高齢化率が４割を超える地域が出てきました。しかし都市計画上の理由で泉北ニュータウンの住宅エリアでは、特別養護老人ホームや、サービス付き高齢者向け住宅が建てにくい状況です。高齢者が泉北ニュータウンに住み続けながら自立した生活ができる場所を整備するには今あるものを活用するしかないと、府営住宅の住戸を転用し、まったく新しいスタイルの高齢者向けの住宅をつくることにしました。

高齢者支援住宅を大学生が設計する

しかし府営住宅には制限があります。貸していただいた空き住戸は約40㎡。主に賃料との兼ね合い

社会福祉法人
西尾さん

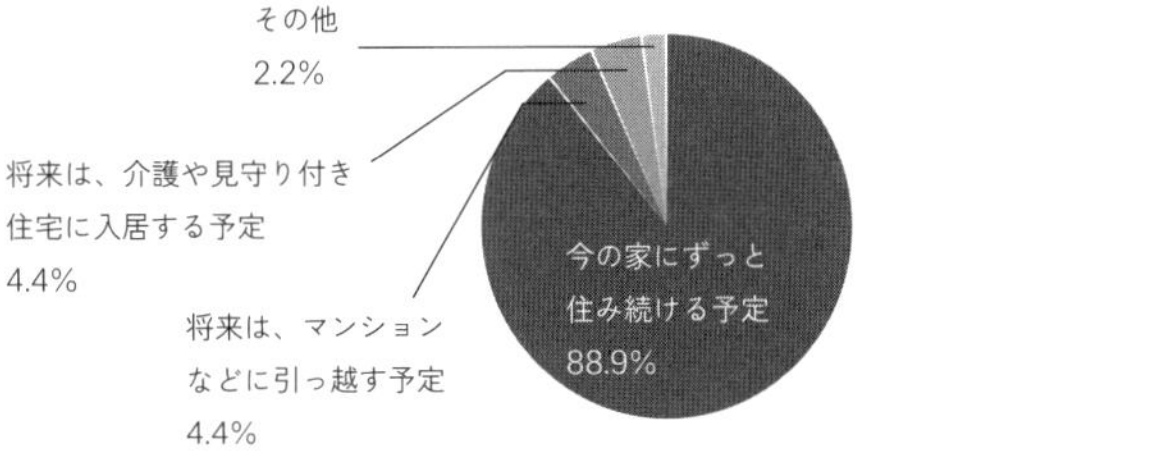

2012年11月、泉北ニュータウンに居住する50代以上の住民を対象に実施したアンケート調査（有効回答数45）では、約９割が「今の家にずっと住み続ける予定」と回答。しかし泉北ニュータウンで高齢者が自立した生活を続けるためには、仕組みが必要だ。

で1住戸あたり2室としましたが、住戸を二つに割るとサービス付き高齢者向け住宅の基準で共用部がある場合の1人あたり居住面積の最低限といわれる18㎡程度しか取れません。しかし狭くても住みやすく自立できる空間はできるのではないかと、専用のお風呂を削ったり、思い切った計画としました。私たちのノウハウをもとに、大阪市立大学の学生さんが設計してくれました。先行事例がないモデルですし、居住者の好みにも多様性があると思い、提案いただいたさまざまな間取りのバリエーションを絞り込まずに第1期7室、第2期6室、すべて異なるものとしました。

建築設計
木村さん

高齢者支援住宅の設計は、大学院の授業を通して学生と一緒に行いました。計画地の調査や住民の方へのヒアリング、できた施設を運営・管理される社会福祉法人さんへのインタビューや見学を進める中から理解を深めていき、居住環境学科学生ならではの「いごこち」に対する細やか

木村吉成 プロフィールはP・56。

な計画を心がけました。

一般的に建物の設計というものは、調査からはじまり、方針となる計画を進め（基本設計）、実際に工事が進められる図面を作図し（実施設計）、工事スタート後も現場に赴いて図面通りに施工が進められているかを確認する（工事監理）作業からなります。今回は学生が主体となって基本設計を進めたのですが、教育的側面からも「つくられ方を知る」貴重な機会だと考えましたので、私たち教員指導のもと、実施設計・工事監理にも積極的に関わってもらいました。

上／地域住民へのヒアリング。
下／改修の現場打ち合わせ。

池嶋さん

私は大阪市立大学大学院の修士課程の1回生の時、高齢者支援住宅の一室「まきつかハウス」の設計と監理を担当しました。毎月の定例会議や現場へ足を運ぶ中で少しずつ槙塚台に打ち解けていけたような気がします。槙塚台の人たちは積極的で、例えば共用部の使い方についてもさまざまな意見をいただきました。

池嶋　智　大阪市立大学大学院生活科学研究科居住環境学講座前期博士課程在籍中に高齢者支援住宅の設計に関わる。29号棟304号室「まきつかハウス」担当。現在は株式会社浦辺設計にて建築修行中。

近くに住まうおばあちゃんが現場の様子を見に来てくれたこともありました。そのままご自宅にお邪魔させてもらうと、おばあちゃんが制作した折紙をくれました。共用部にはこういうものを飾りたいね、と一緒に担当していた学生と話したことを覚えています。このような体験をしていく中で不特定多数が利用する施設というよりはあの人たちが利用する場所なんだ、という風に設計することができました。

今思えば学生という立場上、話しかけやすかったのではないでしょうか。私たちの担当した部屋だけでなく、どの部屋も槇塚台の人たちと対話する中でできていったものだと思います。

学生による設計案を会議で検討。泉北ほっとけないネットワークでは、多数の参加者がいる会議の場でさまざまなプロジェクトを検討したことが、反応を生み、新たなプロジェクトへとつながった。

他人と接点を持ちやすく間取りを工夫

建築設計
白須さん

高齢者支援住宅は、利用者にとって家の延長のような、ハナレのような場所にしたいと考えました。高齢になって外へ出る必要が少なくなると、団地では閉じこ

白須寛規 プロフィールはP・57。

もりがちになってしまいます。一戸建てで縁側や広い玄関先があるなら、そこで外を通る人と会話をする機会がありそうですが、効率的につくられた団地にはそのような余剰空間はありません。高齢者支援住宅は、気軽に他人を招くことができるなど、誰かと接点を持ちやすいような場所になることを目指しました。そこで住戸のプランはすべて2人で泊まることができるようにし、一つの占有スペースと間の共有スペースとを設けることにしました。2人で泊まる場合の関係は、夫婦、友達、親子、兄弟などさまざまなケースを踏まえ、プランに反映しました。また、家では友達を呼ぶにも片付けが必要という方が、ハナレのように使う想定もしています。

占有スペースはサービス付き高齢者向け住宅の基準（18㎡以上、トイレ、洗面を一つずつ設ける）に沿って無理のない最小限の空間としました。共有スペースはそれぞれの住戸でバリエーションをつくりました。キッチンとダイニングがしっかりあるもの、光と風が抜ける廊下のようなものがある住戸、少し絵などを飾る

上／29号棟304号室「まきつかハウス」の壁沿いには、
手すりを兼ねた「丈夫すぎる棚」がある。
下／28号棟203号室「光の散歩道」の余裕のある本棚。

ところがあるもの、和室となっているものなどです。

高齢者支援住宅における、家具の働き

社会福祉法人
西尾さん

すべての間取りが異なる高齢者支援住宅で、共通して気を遣ったのは安全性とわかりやすさです。利用者には学習して使えるようになる方が少なく、直感的に使い方がわかることが大事なのです。

建築設計
木村さん

生活の場において、家具や設備は建築よりも小さな存在です。部屋や内外を大きく規定するのが建築なら、そこにいる人の行為をサポートし成り立たせるのが家具の役割であるといえます。また逆に、その存在によって場所の使い方を示しているともいえます。ダイニングテーブルは「ダイニングテーブルだぞ」という雰囲気があり、そこが食卓だとわかります。ソファーがあればそこはくつろぐ空間だとわかります。同じように手すりも「手すりだぞ」という雰囲気を持っています。持ちやすく丈夫で体重をかけられることがわかるのはいいのですが、もしかしたらその場所を施設っぽくしているのかもしれません。

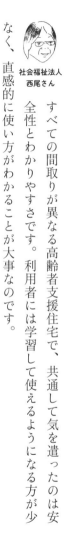

家具によって、その場所の使い方がわかるということは、その家具はある意味とても明快にできているといえるでしょう。しかし、家具の使い方には、家具が示す用途と別の使い方をする豊かさも実はあって、そこにコミュニケーションや居場所となるきっかけが存在するように思うのです。

そのために私たちは家具に「余白」を設けることを積極的に計画しました。本棚をつくるにしても壁一面に大きすぎる本棚をつくりました。必要以上に大きな本棚には空きスペースができ、誰かが「ちょっと置いててもいいかな」と私物を置いていくかもしれません。壁に設置した丈夫すぎる棚は、寄っかかれる手すりのような機能を果たして、誰かと立ち話できるかもしれません。広すぎるベッドは、枕元に着替えを置いたりしても邪魔にならないし、好きなものを並べて小さな部屋のようにすることも可能です。

高齢者支援住宅では「暮らす」ことにプラスして、「支えること」や「コミュニケーションを取ること」が生活の中に入っ

第二期工事の居室には生地の選定をワークショップで行ったカーテンがそよぐ。

てきます。その中で家具は、人に近いスケールでそれらに関われる存在です。家具を「暮らす」ために求められる役割をストレートにつくるのではなく、余白を設けることで、他人が関われたり、生活に彩りを持たせたりするきっかけを持てるのではないかと考えました。

建築設計
松本さん

考えて引いた1本の線が実際に建ち上がっていく姿に、解決すべき問題点に、学生たちは興奮し、そして頭を悩ませ、この施設は完成をむかえました。

このような学生の成長を見守った教員としての私たちには同時に、学生が地域のための施設設計に関わることに対する大きな発見がありました。それは2011年11月に行った、設計案の発表会に来てくださった地域住民のみなさんからの反応に表れていました。まちのこと、生活のことを学生に「教える」人々として、プロの設計者に対しては遠慮してしまって言い出せない、あるいは聞き出せないような繊細でいきいきとした言葉を

松本尚子 プロフィールはP・49。

発表会の様子。

投げかけてくれました。自分たちのまちで行われる新しい試みに対して、好奇心とともに、それが良いものであって欲しいという思いから表れたもので、「サービスを受ける人」としてではなく、学生たちと同じ視座ともいえそうな「つくっていく」意識からの言葉だと感じました。「教員（設計者）／学生／住民」が一緒になって理想の場所づくりに向かう、そのような設計のプロセスだったのだと思います。

高齢者支援住宅の運営

建築設計学
小池さん

社会福祉法人のスタッフ林さんは、高齢者支援住宅の支援員をされています。２０１４年末のある日、高齢者支援住宅の利用の状況について、林さんにお話をうかがいました。林さんは近所に住んでいて、槇塚台小学校のＰＴＡ副会長や槇塚台校区自治連合会の副会長を務めたこともあります。公私ともに地域に密着している方です。

小池志保子　大阪市立大学大学院生活科学研究科准教授。一級建築士。専門は居住空間設計。建築家の木村吉成、松本尚子、白須寛規の指導で居住空間学講座の学生が設計した「高齢者支援住宅」および「槇塚台レストラン」を応援する。シェアハウス「緑道下の家」には共同設計者としても参画。

支援員
林さん

高齢者支援住宅のオープン1年後から支援員をしています。今日の利用状況は、3ヶ月以上の長期滞在の入居者が3名、3ヶ月程度の中期利用の方が2名というもので、数日単位の短期利用の方は現在いません。

同じ府営団地に住む近隣の方とは良い関係を保っています。この支援住宅のある団地は空き家率が20%を超えていますので、空き家の状態よりは良いと思ってもらっているようです。

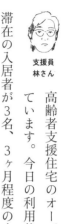

林　直樹　堺市出身。販売職、介護ヘルパーなどを経て、現在は社会福祉法人美木多園職員。

住み手の「自由」が自立につながる

社会福祉法人
西尾さん

特別養護老人ホームや、サービス付き高齢者向け住宅では実現しにくいのが、住み手の自由を保証することです。ある程度身体的な自由が利く場合、お酒を飲みたい、ちょっと遊びに行きたいということも考えますよね。居住者がこうした自然な欲求を満たすことは、自立につながります。高齢者支援住宅では、自由を満喫できる住環境をと、ハードにもソフトにも力を注ぎました。ソフト側で軸となっているのが、林さんが行っている支援員という仕事です。

支援員
林さん

この高齢者支援住宅のいいところは、住宅であるということです。施設ではないので自由です。毎日、病院に行ったり、スーパーで買い物したり、旅行に出かけたり、これまで通りの日課を継続できます。外出・外泊が自由ですし、友達に遊びに来てもらったり、泊まりに来てもらったりすることができます。

社会福祉法人
西尾さん

福祉の拠点ではなく住宅としてつくることは、とても重要でした。当初は私が福祉系の人間であることも影響して、行政に福祉の拠点だと判断され、消防関係の基準を、福祉施設の基準に合わせることを求められました。また福祉の拠点とすると、介護保険法に則した施設の基準に合わせなくてはならず、住人の暮らしの自由度も奪われてしまいます。賃貸住宅として理解してもらうよう、介護サービスを提供していないことや食事サービスを自前で提供しているわけではないことなど、福祉施設ではない根拠を示し説明を繰り返して、納得をいただきました。

高齢者支援住宅での暮らし

支援員
林さん

住人のみなさんの暮らしは自由で多様です。例えば、入居者のSさんは、買い物、整骨院、歯医者、内科、緑道の散歩などを日々楽しんでいます。さらに、友達と旅行に出かけたり、送迎バス付きのカラオケ、送迎バス付きのスーパー銭湯などを利用したりしています。とても行動的ですね。お子さん一家との関係がうまくいかず入居されたある方は、この高齢者支援住宅に移って来ることで、家族が互いに距離を置くことができたそうです。そして、客観的に互いのことが捉えられるようになったそうです。今では、お子さんが時々泊まりに来て、一緒にごはんを食べていきます。

ただし、この高齢者支援住宅について説明しても、どのような住宅かなかなか伝わらないので、はじめて利用を希望される方には、必ず見学に来てもらっています。利用者ご自身が自分の意思で生活したいと思われる方に向いていると思います。

利用される方の相談窓口としては、地域包括支援センターや行政を通した紹介が多く、知人からの紹介やチラシを見て知ったという方などもいます。私も地域福祉課やケースワーカーと定期的に連絡を取るようにしています。複雑な事情を抱える利用者の方もいるので、連携が大事だと思います。

短期で利用される方のニーズは特に多様です。2014年10月に1泊2日で4名の利用がありました。実は、この高齢者支援住宅のある府営団地にお母さんが住んでいて、そこに帰省されるご家族の利用でした。お母さんが高齢者支援住宅のことを知っていて申し込みに来られ、子ども夫婦と孫夫婦の2組4名で利用されました。里帰りを手助けする場所として高齢者支援住宅が役立ったのがうれしいですね！

槇塚台団地にお住まいのKさんのご家族も利用されていました。娘さんご夫妻が、他府県に暮らすお母さんを呼び寄せるお試しとして、高齢者支援住宅を使われたのです。1人暮らしをしているお母さんが心配なのですが、娘さんも身体が弱く、なかなか行き来できない。そこで、2泊3日で高齢者支援住宅を利用して、一緒に過ごされました。

お母さんは、娘さんご夫妻と高齢者支援住宅で一緒にごはんを食べ、夜は娘婿さんが見守りのために一緒に高齢者支援住宅に泊まられました。しかし、3回ほど利用された後、階段の上り下りが大変なことと、やはり自分の家がいいということで、今は利用されていません。

この高齢者支援住宅の部屋はひとつひとつ間取りが違います。例えば、28号棟403号室「きみち」は2室の独立性が高いので、互いの距離を保ちたい住人同士が入居するのに適していると思います。逆に28号棟404号室「やどりぎ」は、仲のいい2名の方に利用してもらうと使いやすい間取りです。28号棟405号室「つつじ」は3階なので階段の上り下りが楽にできる方に薦めます。29号棟304号室「まきつかハウス」はシャワー室がついていて、一見便利そうですが、家の外に出る機会が少なくなってしまうというデメリットもあります。

このように各部屋の特徴と、利用される方の事情を把握した上で、どの部屋に入居してもらうか提案しています。

2014年度の利用率は55％、2013年度の利用率は34・6％でした。特徴としては、2013年度は短期の利用者が多く、2014年度は長期利用の方が多かったです。これまで、取り組んできたことから考えると、長期利用者が半数、短期利用者が半数くらいのバランスで使ってもらえるといいのではないかと考えています。なぜなら、長期利用者によって安定的な入居を確保し、残りの部分で、高齢者支援住宅を必要とされる利用者のニーズにその都度、応えられると考えています。

ケアマネージャーから見た高齢者支援住宅の効果

ケアマネ
古河さん

地域住民を対象とした介護問題に関する悩みや相談、介護予防事業などに携わっています。介護者と同居する要支援レベルの高齢者が、介護者の事情などにより一定期間自宅で生活が送れなくなる場合、一般的に介護保険制度内のショートステイ（短期入所）を利用します。ところがデイサービスやヘルパーサービスなどを介護保険の限度額いっぱいまで利用していると、ショートステイが使えなくなる恐れがあります。また、ショートステイを利用するためにはあらかじめ医師の診断書などを合わせた申し込みが必要です。

　何らかの理由により緊急に自宅での生活が困難になったにもかかわらず、ショートステイが利用できない事情がある場合、槇塚台の高齢者支援住宅を紹介しています。空き状況によりますが、高齢者支援住宅ではいつでも好きな期間だけ宿泊するこ

古河　瑞　堺市南第一地域包括支援センター　社会福祉士、介護支援専門員。

とができます。ショートステイが利用できないときには大変ありがたい「宿泊サービス」だと思います。外出や買い物など出入りが自由であり、利用されている方の評判も上々です。

介護者が介護疲れを癒す目的で利用することもあります。自宅だと介護のために夜間にぐっすりと眠ることができないときに、数時間単位で利用可能な「デイユース」を利用して、家から離れ少し独りになる時間があると、介護疲れが嘘のように解消されるそうです。

ケアマネ 家城さん

介護保険を利用する要介護者の介護サービスを計画する業務に携わっており、高齢者支援住宅に利用者を紹介しています。私が担当する80代女性Aさん（要支援１）は、家庭的な事情により数年前から息子さん夫妻と同居することになりましたが、お嫁さんとの折り合いが悪く口論になることがあり、息子さん夫妻と離れ１人で生活することを希望されていました。利用するデイサービスの職員から高齢者支援住宅

家城礼子　青山ケアプランセンター泉ヶ丘介護支援専門員、介護福祉士。

のことを聞いたそうで、私に相談がありました。そこでAさんと一緒に高齢者支援住宅を訪れ、階段の昇り降りや外出などが安全に1人でできるか確認しました。

Aさんは2013年7月から高齢者支援住宅を利用することになり、1年半近く1人で生活しています。買い物や外出などが自由にできますし、今のところ不自由はないそうです。強いて言うならば、浴槽が浅く肩までお湯につかれないことが唯一残念だそうです。

ショートステイは連続して30日を超える利用はできませんが、Aさんのように身の回りのことが自立してできれば、高齢者支援住宅は1年以上の長期にわたり滞在することができます。また金銭的にも、要支援1のAさんが自己負担でショートステイを利用すると1泊2日で5790円の費用がかかりますが、高齢者支援住宅だと食事なし・見守りなしの場合1800円と、お手頃なことも魅力的だと思います。Aさんのように支援住宅を自宅代わりにしたい方もいるのではないでしょうか。

公営住宅の空き住戸を活用する
―泉北スタイルの試み―

古い公共住宅ストックをどうするのかは、全国のオールドニュータウン[1]が抱える課題の一つである。一般的には都市の公営住宅は不足しているが、郊外ニュータウンでは空き家が常時発生しているのが実情である。特に駅から遠い場合はその傾向が顕著だ。本章で取り上げる公営住宅の空き住戸を活用した24時間見守りサービス付きの長・短期共同滞在型住宅プロジェクトは、まさにそうした駅から遠い住区における試みである。

泉北ニュータウンには30団地、管理戸数15000戸余りの公営住宅（大阪府営住宅）があるが、応募倍率は1・0を下回り、空き家率は全体で12・3%であったが（2011年時点）、駅から遠い団地では4戸に1戸が空き家というところも現れている。居住者を見ると、20〜40代の若い世帯の転出が見られる一方で、公営住宅の福祉目的化が進む中、新たに転入する高齢者層もあり、人口減少と同時に、居住者の高齢化、単身世帯の増加が進んでいる。このことは、近隣住民とのコミュニケーションが難しい人や、見守りが必要な人が多くなっているのに、それを支える側の住民はどんどん減っていることを意味し、自治会の役員のなり手がいないのが住民の悩みとなっている。

さて、ニュータウン全体に視点を移してみると、高度成長期に、最先端の都市計画思想と技術を駆使して開発されたニュータウンには、当初は若い世帯が競って入居した。しかしそれから50年近くを経て、人口の高齢化が確実に進んできた。現在の泉北ニュータウンの高齢化率は33・0%（2016年時点）であるが、10年後には40%を超えるとの予測もある。高齢になり在宅での生活が困難になったとき、どこで暮らすのか。このように増え続ける高齢者が全員施設に入るのはもはや無理なのは明白である。

すでに泉北ニュータウン内の特養や老健などの高齢者介護施設は待機者が

いっぱいであり、また泉北ニュータウン内で主に流通しているのは第一種低層住居専用地域[2]の土地であるため、最近急増しているサービス付き高齢者向け住宅は泉北ニュータウン内にはほとんどない。そのため在宅生活が困難になった高齢者は、住み続けたいという意に反して泉北ニュータウン外に行き先を探すしか選択肢がない状況がある。空き家ストックがたくさんあるにもかかわらず、高齢者が泉北を去らないといけないような状況はあまりにもアンバランスである、何とか空き家を活用することで在宅を支える福祉の拠点づくりができないか、このプロジェクトを立ち上げたNPO法人すまいるセンターの西上孔雄氏はそう考えたそうである。

最初に対象に挙がったのが、公営住宅の空き住戸であった。2005年に施行された地域再生法により、当時制約の厳しかった公営住宅の目的外使用[3]がようやく認められ事例が増えつつある時期であった。この目的外使用の適用を受け、加えて、住戸の改修には国土交通省の補助金（高齢者等居住安定化推進事業）を得ることで、実現した。しかし、共同住宅としてつくられた公営住宅を介護施設に転用するにはいくつかの問題が存在した。まず介護保険制度基づく施設とするには、福祉のまちづくり条例[4]に適合するのが困難であった。そこで、社会福祉法人が住戸を借り受ける形を取り、介護保険に基づかない民間の施設とすることで対応した。また空間的制約としては、空き住戸がばらばらに存在することがある。まとまった施設とするには使いにくい。さらに5階建て以下の古い公営住宅にはエレベーターがないのが通常で、足の悪い高齢者には大きなバリアになる。これらの抜本的な解決は難しいが、民間の施設としたことで、介護度にかかわらず幅広い高齢者を受け入れることが可能になったこと、スタッフが24時間常駐する共用室を設け、連絡があればすぐに対応できるようにし、ドアの開閉があればセンサーを通じて共用室に連絡がいく仕組みを組み込むなどで対応した。

さらにもう一つの大きな問題は、地域住民の合意を得るのが難しいことである。一般的にも、介護施設の建設は周辺住民から反対されることが多い。公営住宅の目的外使用にあたっては、自治会の合意が条件となっているが、今回のプロジェクトにおいても、認知症の高齢者が火事を起こすのではないかなどの不安から、当初なかなか合意が得られなかった。それに対し、まず認知症の人は対象から外すことにし、また住棟での輪番になっているゴミ当番などを担うなどを条件にしてようやく合意を得たという。

このように多くの障害をクリアして完成したこの住宅は、「高齢者支援住宅」と名付けられ、開設後約3年を経た頃には、平均稼働率は60~70%で、満室の日も珍しくないまでに至っていた。当初は、高齢者の介護をしている家族が、急な事情のときにすぐに使えるショートステイ的な役割を想定していたが、実際には、従来のショートステイの使い方に加えて、多様な利用がされているという。例えば、難しい夫婦関係で限界をきたした高齢女性の避難場所として、あるいは一時的に家族から離れて趣味のものづくりに集中したい方の作業場所として、また子ども家族と同居の高齢者が1人暮らしをはじめる際のお試し住宅としても活用されている。これは介護保険施設外にしたことによって、60歳以上であれば元気な高齢者も使えることによる。

このプロジェクトは、国交省の補助金を得たモデル事業であった。本事業が適用を受けた高齢者等居住安定化推進事業は、高齢者・障がい者・子育て世帯居住安定化推進事業と対象範囲を広げ、平成26（2014）度からはスマートウェルネス住宅等推進モデル事業と名前を変えて継続している。本プロジェクトが実現させた公営住宅空き住戸のコンバージョン手法は、同じ悩みを持つ全国のニュータウンの公営住宅空き住戸にも応用できると思われる。そのためには国交省の補助金があることが必須である。

地域の住民からも好意的に受け入れられるようになった。スタッフは住民と同等の立場でゴミ当番も分担し、棟集会にも参加する。棟の住民とは全員顔見知りになり、住民の花づくりを手伝うなど、住民の一員として地域に根付いている。なにより、空き住戸があちらこちらにある状態より、そこに人が住み、24時間常駐しているスタッフがいることは、周辺住民にとっても大きな安心につながっている。

*1　日本のニュータウンは、高度成長期に全国の大都市郊外に建設され、増大する都市の若年世帯を受け入れた。半世紀を経て、当初は新しかったニュータウンが古くなり、住宅、地域施設の老朽化と人口の高齢化による課題を抱えていることを指す。

*2　都市計画法で定められた12種類ある用途地域の一つで、低層住宅の良好な住環境を守るため、最も厳しい規制がかけられている。老人ホームなどの用途は認められているが、10ｍまたは12ｍの絶対高さ制限などがあるため、共同住宅型のサービス付き高齢者向け住宅の建設は実質的には難しい。

*3　公営住宅の目的は低所得者に住宅を賃貸することであり、公営住宅法では住居用途以外の使用は認められていない。しかし近年の社会的要請に対応して、福祉的活用など、本来の目的外の使用が認められるようになっている。

*4　身体的弱者に対応したバリアフリー化を促進することを目的に自治体が定める条例で、指定された建築物は基準への適合が求められる。この条例により、国の法律である高齢者、障害者等の移動等の円滑化の促進に関する法律の内容を、拡充・強化できる。

参考文献　「超高齢化社会における泉北ニュータウンの課題」西上孔雄（『建築人』2014年9月）

小伊藤　亜希子

大阪市立大学大学院生活科学研究科教授。子どもや子育て家族の住宅・生活環境について研究しており、住生活学の立場から、2011年より「泉北ほっとけないネットワーク」に参加。空き家所有者調査および子育て世帯の居住地選択とライフスタイル調査を担当した。

コラム②

緑のネットワーク

泉北ニュータウンには都市計画でつくられた3つの道があります。一つ目は泉北高速鉄道です。泉北ニュータウンは泉ヶ丘・栂・光明池の3地区で構成されており、それぞれの中心に駅が配置されています。二つ目はニュータウンの住区を囲むように配置された幹線道路。三つ目は内部に配置された緑道です。緑道は緑地の一種で、園路（歩行者用路・自転車路）や植樹帯で構成されています。自然公園・学校・近隣センター・医療機関・駅前広場などの公共施設をつないでおり、車道と交差せずに生活できるバリアフリー計画が特徴です。住民の方に泉北ニュータウンの良いところ好きなところは？　と聞くと、多くの方から緑が多い・緑道があるとの答えが返ってきます。以前の丘陵を利用した緑地環境のすばらしさとともに、散歩・買い物・通勤通学・ウォーキングやサイクリングなど、おもいおもいの目的で楽しんでいる様子はとても印象的で、いきいきと走り回る子どもたちも多く見かけられます。鉄道と幹線道路が純粋な「交通空間」であるとするなら、緑道は交通空間でありながら自然や運動、そして人との出会いを楽しめる、豊かな「関係空間」なのです。（松本尚子）

第三章

健康になった

——槇塚台の健康づくり

槇塚台では2011年から健康づくりに向けた数々の取り組みをしています。ポイントは、体操教室を開くだけで終わらない、地域参加をうながす工夫。槇塚台の施設・人・イベントをフルに活用して外出の機会を増やしたり、地域の人が主体となって健康づくりの取り組みをできるようなプログラムを考えました。

槇塚台の健康づくり

野菜を使った運動

「愛のケア工房　はるか」では、一般的なボールの代わりに旬の野菜を用いてリハビリを行う。野菜はひとつひとつの表情が異なり、感覚が刺激されてより良い効果が期待できる。

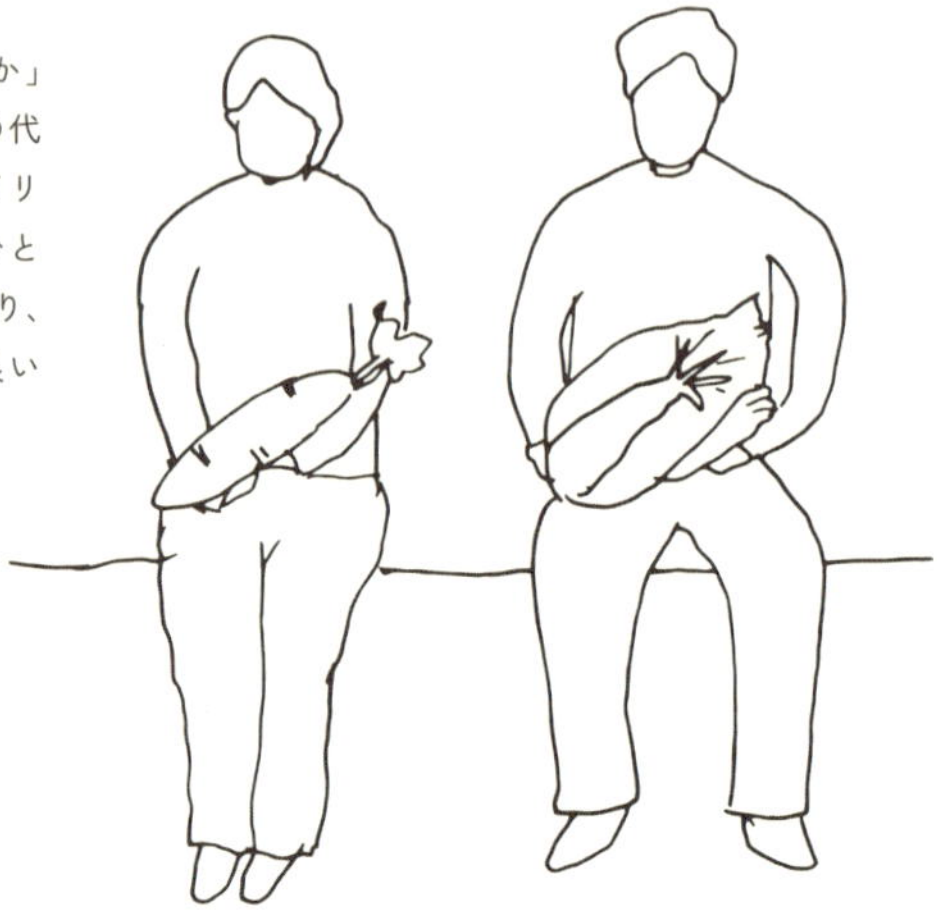

緑道でお散歩

泉北ニュータウンは、住宅街をつなぐように緑道が整備されている。歩車分離で、さまざまな施設が隣接しているため、散歩ルートとして住人たちの毎日の健康を支える大切な役割を果たしている。

リズム体操

デイサービスセンター「愛のケア工房　はるか」でのリズム体操の様子。利用者の運動に対する否定的イメージを払拭するべく、音楽を使って楽しみながら身体の機能を向上させる試みをしている。

健康相談

住人たちの健康や老後に対する不安を少しでも解消できればと、身近な相談の場として、槇塚台レストラン前でリハビリの専門家による健康相談を行ってきた。

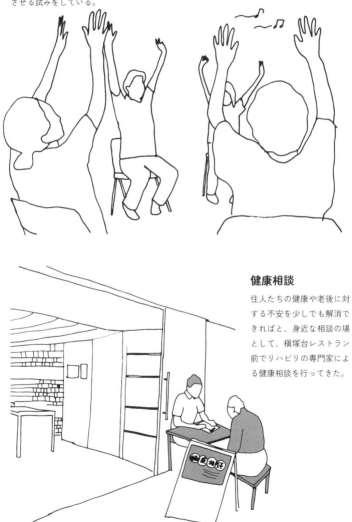

「健康相談」で不安を解消

リハビリ
高井さん

大阪市立大学の森一彦先生から誘われ、泉北ほっとけないネットワークに参加しました。はじまりは２０１１年10月、同大学の春木敏先生の研究室が主催する「食と運動」講座で集団の健康体操を担当したことでした。

高井逸史　プロフィールはP・61。

建築計画学
森さん

２０１１年3月、槇塚台校区に住む住民を対象に、どういったことを望み何に不安を抱いているか、住民ニーズを把握するアンケートを実施しました。それによると、日常生活における不安の有無について約半数が「やや不安」または「不安」と回答し、不安内容については健康がもっとも多く、次いで老後、災害の順となっていました。そこで健康づくりの活動をはじめることにしました。

森　一彦　プロフィールはP・46。

リハビリ
高井さん

「食と運動」講座の後、参加者から膝や肩などの痛みについて相談を受けました。身近に気軽に相談できる場があれば住民の健康や老後に対する不安を少しでも解消できるだろうと、2012年9月より理学療法士である私が健康相談を開催する運びとなりました（2015年3月まで実施）。

水野さんは健康相談に来たことをきっかけに、意識して生活習慣を変えるようになり、運動の習慣が身に付きました。

水野さん

血圧と血糖値が少し高く、内科の先生から飲酒を控え、食事のカロリーを制限し、毎日散歩するよう指導を受けています。でも1人で運動することが苦手で、何かいい運動や体操を教えてもらおうと思い健康相談に来ました。高井先生から1日の過ごし方について質問され、たいていはテレビを見たり部屋で横になったりして1日のおおかたを過ごしており、外出するときは車をよく利用すると答えました。すると

健康相談の様子。左は高井さん。毎月火曜日の9時30分から11時の間、開店前のレストラン内のテーブルに高井さんが待機し、住民の方の健康に関する悩みを聞くというもの。

水野さん　槇塚台在住40年以上、建築関係のお仕事をしていました。自治会の役員を経験。

家では座る時間や横になる時間を減らし、外出時はなるべく車を使わず、歩くようアドバイスを受けました。そして血管をストレッチする体操を紹介され、今も毎日やっています。相談してから約10ヶ月経ち、飲酒は相変わらずやめられませんが、血圧も血糖値も少しずつ下がってきました。この調子で頑張りたいです。

リハビリ
高井さん

健康相談は２０１２年9月からスタートし、終了した２０１５年3月までに、相談件数は延べ32件。相談に来られる方は槇塚台在住の高齢者で、女性8割、男性2割とほとんどが女性で、その多くは常連の方です。体調がすぐれない、退院したが持病があり自宅での１人暮らしが不安など健康全般に関する相談が24件（75%）もありました。

また何か不安を抱えている方がふらっと相談に訪れ、話を一方的にしていき、ある程度しゃべったら気が済んだ様子ですっと帰っていくこともあります。「近隣に相談するところがあり便利」といった感想をいただき、当初の目標であった住民の健康不安の解消と自助意識の向上をほぼ達成することができました。

健康は、まず外出から

リハビリ
高井さん

槙塚台校区は最寄り駅まで歩行者専用の緑道が整備されていますが、駅まで1・2〜3・5km も離れており、しかも勾配のある長い坂道です。そのため後期高齢者のみならず、膝の痛みなど関節疾患を有する前期高齢者にとっても屋外で歩くことが困難となり、徒歩による生活圏(Walkable Neighborhoods)が狭小化し、自動車やバスなど乗り物に頼る傾向にあることが判明しました。

そこで、日頃外出が少ない高齢者を対象に、運動を中心とした健康づくりを勧めるのではなく、近隣の方と一緒に槙塚台レストランでランチを取るなど、お出かけを支援する取り組みをはじめました。

内容は、槙塚台レストランで昼食を取る「ふれ合い昼食」、まちかどステーション(↓P・158)でNPO法人ASU《あす》の会が提供する「ふれ合い喫茶」にそれぞれ週1回程度参加いただくこ

槙塚台の最寄り駅までの緑道。長い坂道で健康不安を抱える方には歩きにくい。

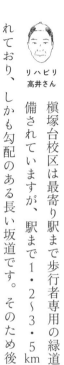

上／健康体操。

下／ふれ合い喫茶の様子。

とでした。

対象となったのは、介護認定を受けておらず、外出可能な高齢者。これまでに見守り活動の一環である「声かけ訪問」や「緊急カプセル[*1]」を導入した高齢者などの中から、自治会・民生委員を通じて呼びかけ、男女29名（男6名、女23名）が参加、平均年齢は約72歳でした。

参加者には一度集まっていただき、お出かけ支援の目的や意義を説明し、その後近隣同士3～6名程度を一つの班とし、八つの班をつくりました。ふれ合いサービスの混雑をさけるため、あらかじめふれ合いサービスを利用する曜日を決めました。ある班では月曜に「ふれ合い昼食」、火曜に「ふれ合い喫茶」と、利用する曜日を班単位で決めました。ご近所さん同士で班をつくったのは、この取り組みが終わった後も、近隣同士のお付き合いが継続してほしいと思ったからです。また、取り組み期間中に班員のある方が体調を崩し休んだ場合、近隣同士だとすぐに自宅まで行き様子をうかがうことができます。

*1　緊急カプセルとは、名前や生年月日、緊急連絡先、かかりつけの医療機関や持病などについて記載したカードを入れたカプセルのことで、冷蔵庫に入れておくと、万が一のときに本人が話せなくても情報を伝えることができる。

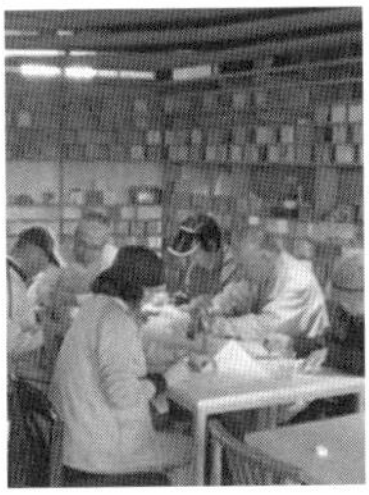

近隣との交流を深める目的で槇塚台レストランで昼食を取る「ふれ合い昼食」。2013年10月から12月にかけて「ふれ合い喫茶」と併せ、日本理学療法士協会の研究助成を受けて週1回×10週を無料で開催した。

続いて乗り物を使わず歩くことが健康上いかに重要であるか、Walkability（歩行の有用性）や正しい歩き方などを習得することを目的とした「ふれ合い講座」を4回開催しました。槇塚台校区内には歩行者専用の緑道が整備されていますが、丘陵地帯のため長い坂道が多く、歩行を妨げる要因になっています。そこで本講座には緑道のアップダウンを克服するためノルディックウォーキングの体験なども盛り込みました。

また、対象者に外出を促すため、近隣で展開されている地域資源を紹介したリーフレットを作成して配布しました。槇塚台では数多くのイベントや講座が日々開催されています。こうした互助的活動への参加を促すために情報を集約しました。

1名の脱落者を除く28名が10週間にわたる「お出かけ支援」プログラムを完了しました。お出かけ支援の効果を検証するため、近隣の外出頻度、近隣との付き合い度合い、うつ傾向、転倒恐怖感、主観的健康観、脚力、バランス能力をプログラム前後に測定し、変化があったかどうか検討しました。

ふれ合い講座の様子。

高井さんが作成したリーフレット。槇塚台レストランによる弁当配達、健康相談、まちかどステーションやデイサービスセンター「はるか倶楽部一期一会」などが開催するイベントや講座についてまとめたもの。

結果はグラフに示す通り。近隣への外出頻度は、実施前に比べ有意に増加し、「毎日」と「週4〜6回」が増えました。近隣との交流度合いについては、「世間話程度」や「相談できる程度」と交流度合いが増していることが判明しました。外出時の転倒恐怖感や主観的健康観については、改善の傾向が見られました。

　この活動をきっかけに近隣との交流が増えた方もいます。それによって外出の機会が増えたり、お互いの様子を見守る関係になるといった効果も見られました。横内さんと安川さんはお出かけ支援をきっかけにお友達になったお2人です。

横内さん

　お出かけ支援の取り組みに参加し、これまで以上にご近所同士が親しくなり、買い物先や道端でお会いすると立ち話や相談する機会が増えました。お出かけ支援が終わった後も週1回ペースでご近所の方4名をお家に呼び、おしゃべりの集いをやっています。おしゃべり仲間のAさんがだ

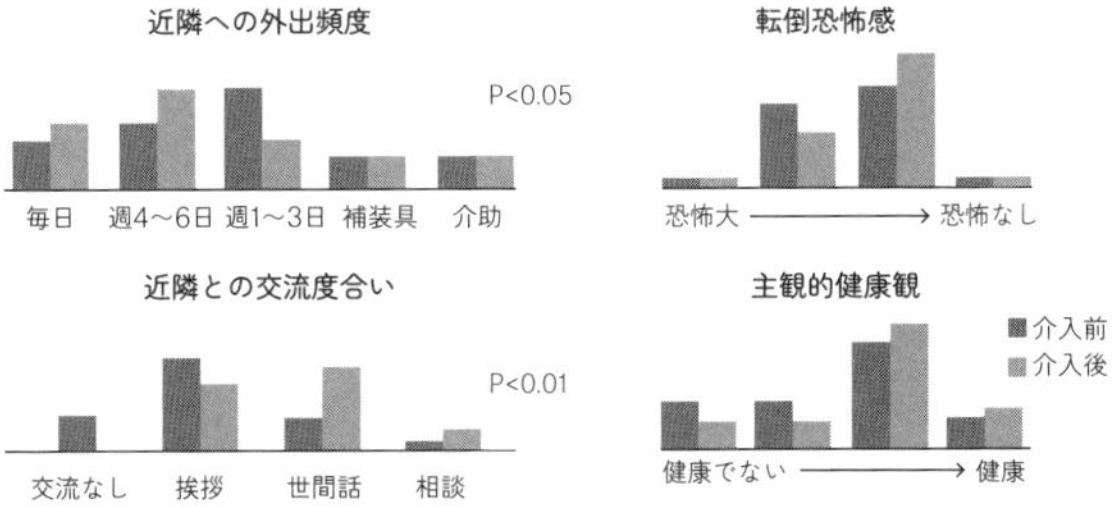

お出かけ支援の効果。

横内さん　60代後半。槇塚台在住40年以上、昔15年ほど塾を経営していました。

んだんと買い物や外出することが少なくなりましたが、独居ということもあり様子を見にAさん宅に立ち寄り、少しでも外に出て歩くよう励ますこともしました。Aさんにお節介を焼くようになったのは、お出かけ支援を通じAさんと親しくなったからだと思います。

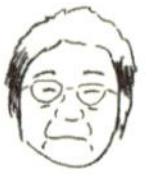

安川さん

定年まで仕事をしており、ご近所の横内さんとも挨拶する程度の付き合いでしかありませんでした。ところがお出かけ支援を通じ、横内さんたちご近所のみなさんと話をするようになり、それ以降、大変親しくお付き合いをさせていただいています。またお出かけ支援の終了後、ロコモ講座（↓P・220）にも参加し、以前から患っている膝の痛みが軽くなりました。ノルディックウォークを体験し、歩くことがいかに重要であるかを痛感しました。

安川さん　80代前半。槇塚台在住40年以上、71歳までの30年間事務仕事をされていた。

石原さん

お出かけ支援に参加した後、顔見知りが増え、外出すると挨拶する機会が多くなりました。お出かけ支援が終わった後も槇塚台レストランやまちかどステーションにも顔を出すようになりました。普段はバイクで外出しますが、期間中はなるべく歩くよう心がけました。持病の腰痛が少し軽減し、動くのが楽になっていました。終わった後もロコモ講座に参加し継続して運動しようと思っていた矢先、急激に腰の痛みが激しくなり入院し手術することになりました。しかし退院後ずいぶん良くなり、公営のスポーツジムに通いはじめています。

リハビリ
高井さん

２０１５年１月下旬、安川さんから定期的に運動講座を開催してほしいと依頼を受けました。そこで、同年5月より体操講座をはじめることになりました。当初は数名でしたが、２０１７年５月現在では槇塚台校区以外の方も参加され、毎回15名程度は体操講座に来られています。

石原さん　80代。槇塚台在住40年以上、建築資材の塗装のお仕事をしていた。

緑道でのノルディックウォークの様子。

天気のいいときは、ノルディックウォーク講座も開催。お出かけ支援の取り組みが新たな担い手を生み、住民主体の活動を地域の中で作り上げることができました。一連の地域での取り組みが評価され、2016年度第3回健康科学ビジネスベストセレクションズに入賞することができました。

楽しい！　つらくない！　だから続けられる

健康体操
小栢さん

2011年5月より槇塚台のデイサービスセンター「はるか倶楽部一期一会」で運動指導を実施するようになりました。運動をしたいという気持ちを持っているご年配の方は多いのですが、運動は「つらい」といった否定的なイメージも強く、運動の継続が課題だと感じました。

そこで「楽に」「楽しい」運動ができないかと考えました。年齢を問わず、カラオケや音楽鑑賞を趣味とする方は多く、音楽を使うことで楽しみながら身体の機能を向上させる試みを同

小栢進也　産業技術総合研究所研究員。2016年3月まで大阪府立大学助教を務め、理学療法士として運動指導を行う。槇塚台での運動指導や運動の重要さを伝える啓蒙活動を行うことで泉北ほっとけないネットワークに関わる。

年7月にはじめました。

歌を歌いながら足踏みをすることを基本動作とし、手を動かす、ボールを回すなど同時に上半身の動作を組み合わせた運動を週1回実施しました。休憩を取りながら1時間運動することで約1000歩以上の足踏みになりますが、「そんなに動いているとはびっくり」「座ってできるので安心して運動できる」といった意見が多く聞かれ、多くの方に「楽しい」と好評をいただきました。

開始当初は数名だった参加者も、1年後には毎回15名程度の方が来られるようになりました。2ヶ月間の運動効果を調べたところ、転倒に関連するとされる歩行のリズム感が改善（ステップ時間のばらつきが減少）したことに加えて、アンケートでも参加者の転倒への恐怖感が低下しており、効果的な運動であることが示されました。

リズム体操は運動量が多いわりに、座って安全に実施でき、特別な運動知識がなくても体操指導を行うことができます。そ

リズム体操の様子。中央は指導にあたる小栢さん。

こで、介護スタッフへのリズム体操の伝達、体操ＤＶＤの作製、ホームページ上での体操の公開によって、多くの場所で運動が実施できるよう環境を整えています。

旬の野菜を使ってリハビリ運動!?

リハビリ
高井さん

介護事業所「愛のケア工房はるか」から、運営するデイサービスセンター「はるか倶楽部一期一会」に運動の専門家が不在なため、リハビリ体操を指導してほしいという依頼を受け、２０１２年4月より毎週火曜日の昼食前40分程度、「旬の野菜を使った運動」を実施することになりました。

一般的なリハビリ体操では空気を抜いたやわらかいボールを使用し、手の体操や、歌を歌いながらボールを隣の人に渡す集団運動などが行われますが、ボールの代わりに旬の野菜や果物などを利用するのです。私たちは無意識に、大きさや形状、重

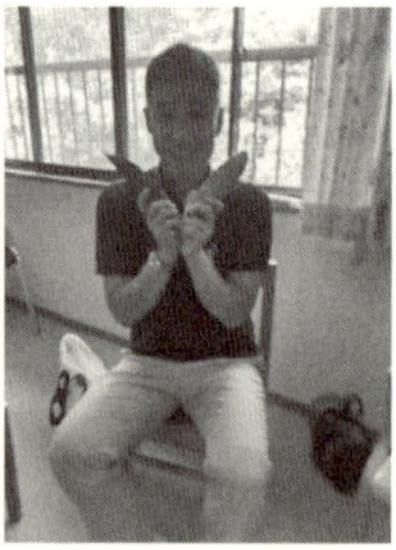
野菜を持つ高井さん。「旬の野菜を使った運動」は「はるか倶楽部一期一会」のデイサービスを利用されている方を対象とし、参加者は6名から8名程度（うち男性1名）。認知症になっている方も少なくないため、脳も使いながら体操する工夫として旬の野菜や日用品の利用を試みた。

さに応じて、指の曲げ具合や両手の使い方、力の入れ加減など、必要とされる身体の動きを調整しています。

野菜を見てある程度大きさや重さなどの予想を立てながら、実際に野菜に触れつかむ行為中に両手から多くの感覚情報が入力され、その情報に基づき適切な行為が導かれます。大根の持ち方と白菜の持ち方を見比べればよくわかるんです。認知症の人の場合、行為を遂行するにあたり身体の動きの滑らかさが損なわれ、ぎこちなく粗雑になることがあります。道具に変化をつけることにより、参加者の体操に対する意欲が増し、自ら能動的に参加する姿勢が引き出され、適切な行為を引き出す上ではこの上なく効果的だといえます。

また、参加者のほとんどは女性ということもあり、運動が終わった後、介護スタッフと参加者同士で「あの大根、意外と重かったわあ」「白菜を見たら鍋の支度していた頃を思い出す」など、野菜をテーマにした話で盛り上がるそうです。野菜を見ただけではすぐに忘れてしまいます。ところが実際に野菜を手に取ると、大きさ、重さ、冷たさといった野菜から得られる感覚情報が豊富にあるため、昔の記憶が思い出しやすく、気持ちがおだやかになる方もいます。

野菜などを使った運動をはじめた頃、私のことを八百屋さんと勘違いし「来週どんな野菜を持ってくるか、楽しみや」と、野菜を持ってくる気のいいおっちゃんと思われたことがあります。たいへん新鮮な感じを受け、特に否定はしませんでした。

リハビリ体操にはいつも介護スタッフの方に同席してもらっています。体操の補助という役割もありますが、介護スタッフの方にも運動方法を習得してもらい、将来的には介護スタッフの方がリハビリ体操を実施できるようになることを目指しています。私たち理学療法士らリハビリ専門職が地域に暮らす要介護高齢者の健康づくりに参画するには、地元デイサービスセンターなどの介護スタッフらに、運動や体操を指導・助言することが今後ますます重要になると考えます。

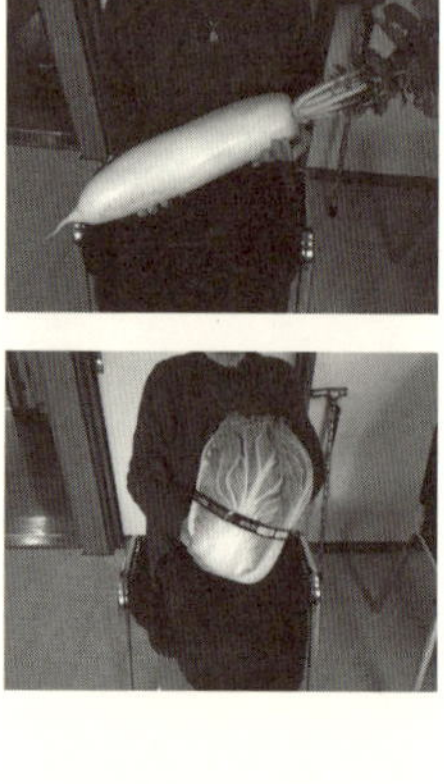

大根と白菜では持ち方が変わる。

緑道を使った散歩コース

建築計画学
森さん

散歩は都市に住む高齢者の約8割が行う毎日の日課です。われわれの調査[2]では、約1時間かけて

森 一彦 プロフィールはP・46。

約1～2kmを歩くのが平均的な散歩です。人によっては4km以上の長距離を歩く人もいれば、数百mを近所の人と立ち話をしながら1時間程かけてゆっくり歩く人もいます。散歩で立ち寄る場所は公園が多いのですが、スーパーや商店、ときには病院や喫茶店もふくまれ外出も兼ねて散歩している人も多くいます。散歩は毎日の生活の中に溶け込んでおり、その近隣環境の質が影響することがわかります。泉北ニュータウン地域の散歩の特徴は、やはり緑道にあり、そこを散歩ルートに選ぶ人がほとんどで、早朝に緑道を散歩する人を多く見かけます。泉北ニュータウン在住のMさん（70歳）は健脚の持ち主で、地域に住む人たちを集めてウォーキングを行ってます。これは運動だけでなく、情報交換や人をつなげる役にも立っています。

泉北ニュータウンには住宅地をつなぐように緑道のネットワークが整備されています。これは車道とは別の歩車分離になっているため、歩行者や自転車が車との事故に心配することなく安全に行き来できます。緑道沿いには学校や幼稚園、近隣

*2　「2つの異なる地域環境における高齢者の散歩行動の比較分析」森一彦・井上昌子・奥田夏子（『日本建築学会計画系論文集』第583号P・53-59、2004年9月）

センター、公園などいろいろな施設が隣接しているのも特徴です。これらをつなぎ合わせるといろいろな散歩コースができます。また、泉北は丘陵を切り開いた住宅地のため高低差が残っており、だいたい５００m行くと10～20m高低差が生じます。身体運動には景観の変化も伴って丁度良いと言えますが、足腰が弱くなった高齢者には外出しにくくするバリアになります。足腰が弱くなっても、１００～２００mの範囲にいくつかの立ち寄りスポットがあると、身体が弱くなっても外出しやすく、健康な生活を維持できます。毎日の買い物の外出の際に、既存の施設に加えてちょっと寄り道できるカフェ、レストラン、ショップができてくると安心感が増すだけでなく、生活に変化や楽しみが生まれます。

リハビリ
高井さん

私たちが行った「健康相談」「お出かけ支援」「健康体操」といったプログラムは、まったく運動の習慣がない方、健康に不安がある方でも取り組める、敷居の低い方法ばかりです。でも「以前より健康になった」「外出の頻度が増えた」「参加を通じてご近所同士のつながりを深めることもできた」などと、予想以上の効果があり、最終的にはある地域住人がリーダーとして、自発的に新しい健康講座を開始するまでの成果を見せました。また第一章で紹介した槇塚台レストランや、地域ですでに活動を展開していたＮＰＯ法人や介護事業所との連携を図ることで、最小限のソフト的な対応だけで効果的な取り組みが実施できました。成熟した住宅地では、住民の健康対策においても場や組織など、地域にすでにある資源を活用できる余地はかなりあると考えています。

地域参加が変える、高齢者の健康

1　わが国における高齢者の健康問題について

わが国は人類史上経験のない超高齢社会に向かっている。2015年現在で65歳以上の高齢者は過去最高の3392万人、総人口中の65歳以上人口の占める割合である高齢化率は26・7%である。いわゆる団塊の世代が75歳を超える2025年には、高齢化率は30%を超える見通しである。

この急速な高齢化の大部分は大都市圏で著明となる。2005年と2025年の都道府県別高齢者数を比較すると、東京、埼玉、神奈川、千葉の首都圏における増加が著しく、次いで大阪、愛知で高齢者の増加が集中する見込みである。

高齢者のうち75歳以上の後期高齢者を見ると、今のところ総人口の12・9%（1641万人）にすぎないが、2025年には総人口の18%、2050年には約25%と、後期高齢者が総人口の4分の1を占める社会に推移していくことが予想されている。一方で、65歳から74歳の前期高齢者は、2050年で総人口の14・2%と予想され、2015年現在の13・8%に比べ概ね横ばいである（平成28年度版高齢社会白書）。つまり、今後の高齢者人口の増加とは75歳以上人口の増加を意味している。

みなさんも実感されるように、昨今の65歳は「お年寄り」という呼称は似つかわしくない。事実、健康状態の一指標である要介護認定率を見ると、65〜69歳の認定率は2・6%にすぎない。しかし、後期高齢者の75〜79歳になると13・7%、80代前半になると26・9%となり、後期高齢者特に80歳以上から認定率が急上昇する（2009年介護給付費実態調査）。この要介護認定者の背景要因には、脳卒中、関節痛や筋肉量の低下、それによる転倒・骨折、低栄養、残存歯の減少や嚥下機能の低下、認知症、うつ、閉じこもり等の問題がある。

要するに、これからは諸々の健康不安を抱えた虚弱な75歳以上人口が増加する「高齢化問題」が、大阪を含む大都市圏で顕在化するのである。

2 行政が実施する介護予防教室の課題、問題点

こうした社会問題に対して、介護保険制度は、2006年に予防重視型システムへの転換を目指して大きく見直された。その取り組みの一つとして、要介護状態になるおそれがある高齢者に対し、転倒予防、栄養改善、口腔ケア、認知症予防などを目的とした介護予防教室を開催したり（通所型介護予防事業）、保健師などの医療専門職による自宅訪問（訪問型介護予防事業）が行政により行われた。

しかし、通所型、訪問型どちらの取り組みも参加を希望する方が非常に少ない、という問題を抱えた。全国における2007年から2009年の事業参加率の推移を見ると、要介護状態になるおそれがあると評価された高齢者（高齢者人口の3・4〜3・7%）のうち、実際に介護予防教室へ通ったり、専門家の自宅訪問を受けた高齢者は、12〜15%にすぎなかった。すなわち、このままでは将来、要介護状態になるおそれがありますよ、と早期発見されたにもかかわらず、7名に1名しか介護予防活動をはじめなかったことになる。

この傾向は、泉北ニュータウンのある大阪府一円でも同じであった。われわれが2007年に調査した結果、大阪府全体の平均参加率が11・8%、参加率が高い地域でも48%、参加者なしの地域も複数あった。なぜ、参加しないのかを訊ねると、「介護予防教室なんて自分には必要ない」という回答が男女ともっとも多く70%を超えていた（複数回答）。次いで「忙しいから」が約30%であり、その主な理由は仕事、介護、孫の世話であった。以下、「教室の開催場所が遠い、不便」、「（教室に）参加したくない」、「日程が合わない」などが続いた。

3 泉北ニュータウンにおける健康づくりの取り組みの課題

われわれが槇塚台で実施した調査結果からは、地域での健康づくり教室参加に対する課題が明らかになった。介護保険非認定者８４５名（男性４００名、女性４４５名）のうち、「地域での健康づくり教室に参加したくない」と回答した男性は、前期高齢者で15・7％、後期高齢者で28・4％、女性ではそれぞれ16・1％、25・0％と、虚弱化が進む後期高齢者ほど参加を希望しない割合が高くなっていた。この結果を、年齢、世帯（独居か同居か）、居住年数、住居形態（戸建てか集合賃貸か）、外出頻度、地域活動への参加頻度、近隣の知人数、経済状況を考慮して分析した。すると、健康づくり教室に参加したくない男性の特徴として、もっとも強い要因が「地域活動に参加していない」、続いて「独り住まいである」「高齢である」という姿が浮かび上がった。一方女性は、「近隣に知人がいない」ことがもっとも強い要因で、続いて「地域活動に参加していない」ことであった。男女ともに、もともと地域活動への参加がない方ほど教室への参加希望が低いため、お誘いするきっかけづくりが重要であるかもしれない。特に男性では、閉じこもりへつながりやすい特徴を持つ方が教室参加も拒む様子がうかがえる。高齢男性への支援をどうするかは全国的な課題の一つであるが、同性（男性）による企画・催しには男性の参加率が高いという報告もある。

4　近隣で住民主体による健康づくり

介護予防は、高齢者自身が「必要である」と感じてからはじめるのでは遅く、その前から健康づくりに取り組むことで、加齢に伴う心身機能や精神活動性の低下を遅くしたり、防止したりできる、という気付きを促すことが必要である。そのために、近隣での住民主体による取り組みは、介護予防への意識を身近なものとし、気付きを促すきっかけになる可能性がある。さらに近隣での開催は、「教室の開催場所が遠い、不便」「日程があわない」といった理由で介護予防教室への参加を見送っていた方たちの受け皿となる。

近隣での住民主体の取り組みは、現在の高齢者ケア政策の流れとも一致する。２０１２年より先述の予防重視型システムから、地域と高齢者の結びつきを促し、虚弱な高齢者を支えるコミュニティづくりへと転換がなされた（地域包括ケアシステム）。この中では、行政や専門職だけでなく、地域住民による生活支援やコミュニティづくりが重要なファクターとして期待されている。

樋口 由美

大阪府立大学大学院総合リハビリテーション学研究科教授。専門は高齢期リハビリテーション、運動機能障害学。泉北ほっとけないネットワークではその専門を生かし、高齢者の健康づくりを支援している。

コラム③

まきづかハロウィンナイト

泉北ほっとけないネットワークは、地域のイベントも主催しています。例えば2012年10月末に開催した「まきづかハロウィンナイト」は、近隣センター内商店の活性化と槇塚台レストランへの認知度を高めるため、近隣商店の協力を得て実施したものです。地元自治会の支援もあり、小学生の児童および保護者を中心の約220名の地域住民が参加してくれました。槇塚台レストランで受け付けを済ませ、協賛する商店を回りお店の人に「Trick or Treat!」と言うと「Happy Halloween!」と、お店の人がにこやかに合い言葉を言い、子どもにお菓子がわたされるシステム。槇塚台レストランではアロマキャンドルづくりの体験コーナーや、かぼちゃでつくったクッキーなどが販売されました。私は子どもたちとじゃんけんし、勝った子にはアメちゃんをあげるイベントを行いました。後日近隣の商店に感想を聞いてみると「年々近隣センターは寂しくなっているが、十何年ぶりに多くの子どもと関わることができ、かつてにぎやかだった頃を思い出した」と、大好評でした。また、イベントをきっかけに、レストランの目と鼻の先にある通称・丸団公園に遊びに来る子どもが増え、翌年5月にたこ焼き屋をオープンした商売上手な方も出てきました。（高井逸史）

第四章

楽しみができた

――第3の居場所をつくる

「住む」ことに特化されてつくられたニュータウン。しかし住人の世代交替やライフスタイルの変化、ワークスタイルの多様化にともない、ニュータウンには、家でもなく職場でもない「第3の居場所」が求められつつあります。槇塚台では空き家や空き店舗を使って、地域の方々が余暇を楽しめる場所が生まれています。

フラダンス

槇塚台レストラン2階は、さまざまなイベントや教室が行われるコミュニティスペースとして賑わっている。フラダンスがしたい方なら誰でも歓迎。楽しく地域に溶け込める。

ハロウィン

年に一度のハロウィンイベント。子どもからおじいちゃんおばあちゃんまで、まちの至るところで交流が生まれる。

レストラン

槇塚台レストランには、ママ友も集まる。お母さんが働いている間に子どもはのびのび遊ぶ。レストランができて、家以外の遊び場ができた。

健康麻雀

槇塚台レストラン2階コミュニティスペースでの催し物の一つ、健康麻雀。地域の誰でも参加でき、みんなで楽しむためにみんなで運営している。

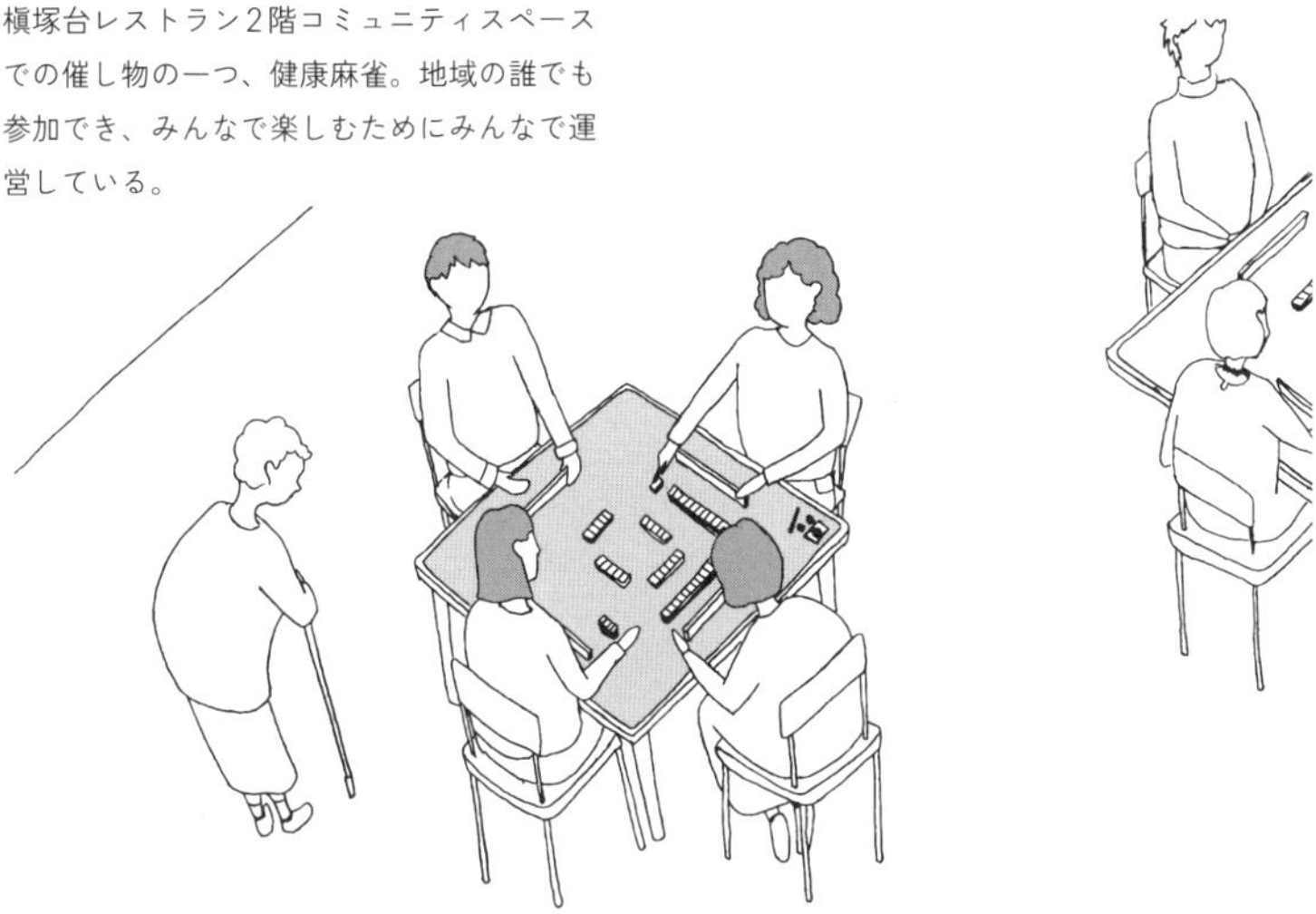

棚

まちかどステーション、壁一面のレンタルボックスには地域の有志の趣味作品がたくさん。素敵な作品たちは泉北のみんなの注目の的。プロ顔負けの作品は会話のきっかけになることもしばしば。

レストランの2階を趣味の場に

建築設計学
小池さん

槇塚台校区では、空き家・空き店舗がさまざまな用途に転用されています。例えば槇塚台レストランの場合、1階で食事やおしゃべりが楽しめるのみならず、2階も趣味の集いの場として活用されています。152ページの表は毎月発行される「槇塚台レストランだより」に掲載された2015年2月の槇塚台レストラン2階コミュニティスペースのイベント案内です。社交ダンスに卓球、シニア体操や太極拳などの運動に関する催しもあれば、ウクレレや大正琴、コーラスなどの音楽系の催しも見られます。このように2階では毎日違う活動が行われています。混み合っている日には、詩吟が聞こえてくる横で麻雀をしているそうです。2015年2月の木曜日に健康麻雀クラブにお邪魔しました。

小池志保子　プロフィールはP・98。

改修前のレストラン2階。居住スペースだった。

誰でも参加できる、健康麻雀クラブ

麻雀担当
駒野さん

槇塚台レストラン2階のコミュニティスペースを借りて、毎週木曜日に健康麻雀クラブを開いている駒野です。顔見知り7、8名が集まって活動をはじめて、今年で2年ほどになります。お金をかけず、時間を有意義に使いながら、楽しく過ごせるようにとの思いからはじめました。メンバーは23名ほどにまで増えています。ほとんどが近隣の方々ですが、遠くからわざわざ来られる方もおられます。

このクラブをはじめる前、老人会の麻雀クラブに参加していたのですが、クラブ自体がなくなってしまいました。なくなった理由は、人数不足のため、続けることができなくなったから。老人会のクラブでは、自治体の運営費からお金が出るので、会場を借りる際などでは助かるのですが、まずそのクラブに入会するには老人会の会員でなければなりません。つまり、その地区の住人でなければいけないのです。自分たちだけのグループ

駒野 紘 70代前半。金商健康麻雀クラブ代表。槇塚台の隣駅に住む。会社勤めのときに麻雀を覚えた。

槇塚台レストランイベント案内

2月9日(月)～2月28日(土)の予定　※受講をご希望の方は、講座の開催日にお越しの上、主宰者に直接お申し込みください。※都合により変更になる場合があります。

日	月	火	水	木	金	土
定休日	2/9 10時～12時 大正琴 13時～15時 社交ダンス 13時30分～15時30分 卓球	10 10時～12時 ウクレレ教室	11 定休日	12 10時～15時 健康マージャン	13 10時～12時 シニア体操	14 10時～12時 すずらんコール 13時30分～15時30分 卓球
15 定休日	16 10時～12時 大正琴 13時～15時 社交ダンス 13時30分～15時30分 卓球	17 10時～12時 ウクレレ教室 13時～15時 トールペイント	18 10時～12時 ウクレレ教室 10時～12時 舞踏	19 10時～12時 詩吟教室 10時～15時 健康マージャン 16時～17時 太極拳	20 10時～12時 シニア体操	21 10時～12時 すずらんコール 13時30分～15時30分 卓球
22 定休日	23 10時～12時 大正琴 13時～15時 社交ダンス 13時30分～15時30分 卓球	24 10時～12時 ウクレレ教室	25 10時～12時 ウクレレ教室 10時～12時 すずらんコール	26 10時～12時 詩吟教室 10時～15時 健康マージャン 16時～17時 太極拳	27 10時～12時 シニア体操	28 10時～12時 すずらんコール 13時30分～15時30分 卓球

上／健康麻雀クラブの様子。

下／2015年2月槇塚台のレストラン2階のコミュニティスペースで行われたイベントスケジュール。「槇塚台レストランだより」のイベント案内コーナーに掲載されている。

で活動しているので、他の人が集まるわけがありません。老人会のクラブにはその地区の人しか入れない。このクラブは、そうはしたくないなと思っています。

麻雀が好きな人がいて、参加したいのなら、拒む理由はありません。とはいえ、麻雀をするには会場を借りたりと、それなりにお金がかかります。泉北でも1時間あたり１５００円はかかるでしょう。でもここは、みんなのお小遣いで毎週借りられる程度です。駅前ではないので不便は不便ですが、住んでいるところから歩いて行けるところで活動ができることは利点ですね。

男性は特に顕著ですが、なかなか住んでいる地域に溶け込むことができず、仕事をリタイアしてからは友達が減っていくんですね。でもこうした活動に参加することで、楽しく地域に溶け込むきっかけにすることができる。自分たちで話し合って決まりをつくりながら、成績優秀者には粗品を用意して小さな競争を生むなど、みんなが楽しめるような仕組みを、みんなで考えています。僕は麻雀以外にも趣味がありますが、麻雀をしているこの時間が一番楽しいですね。

建築設計学
小池さん

駒野さんのお話から、一つの特徴に気が付きます。それは、活動の場が開かれているという点です。公民館を拠点とした活動では、どうしてもその公民館のある地域の住人を優先することになり、その地域の住人だけを対象とした活動が中心となりがちです。しかし槇塚台レストランの2階は、ある特定の地域の方だけに限定する使い方をする場所ではありません。槇塚台校区の住人だけではなく、同じ区内、あるいは、近隣の区や市にお住まいの方なども来られています。このため、住んでいる場所にとらわれない参加者の集まる会となり、常に新しい方が入ってくる余地が生まれ、自然とオープンな活動になります。そうすると、催しが活発になります。これが会を長く続けていける秘訣だそうです。

レストランを「開く」イベントを開催

春口さん

槇塚台レストランでは日々の催しに加えて、季節ごとのイベントが行われています。ハロウィン、クリスマス、初夏に行われたオープンレストランなどで、近隣センター内の他の店舗を交えたイベントへと広がりを見せています。

春口滉平　大阪市立大学大学院修士課程小池研究室在籍中に、泉北ニュータウン内の府営団地などの空き家改修活用案を作成。

レストランでクリスマスのイベントが開かれた日、集まったみなさんにお話を聞いてみました。

Y・Iさん

私は今このレストランでアルバイトとして働いています。ニュータウンは外食するところがないので、こういう場所があると助かります。

R・Hさん

私は友達とごはんを食べに来たり、レストランでイベントがあるときは、手づくりの雑貨を売る小さなショップを出させてもらったりしています。こういった場所ができて、友達と簡単に集まることができるようになりました。

Y・Uさん

ここができたことで集まる機会は増えましたね。小学校が近いので、参観日の日は席がママで埋まります（笑）。家でとなるとお互い気を遣いますが、ここだとお値段も安いし、気兼ねなく集まれます。ここを知らない方がまだ

2013年の「オープンレストラン」の様子。

槇塚台にも多いから、もう少し広まるといいですね。

春口さん

クリスマスイベントの日は、地域の子どもたちで大盛況だった槇塚台レストラン。レストランができてからは、彼らにとっては遊び場の選択肢が増えたようです。

かなた君

槇塚台小学校の5年生です。この場所は、つくってるときから見てて、何ができるのかな、と気になってた。

りゅうへい君

レストランになって、お母さんと友達とそのお母さんたちとでごはんを食べに来ることが増えた。あんまり遊ぶところがないから、いつもは友達と家で遊ぶんだけど、ここで時々イベントをやってるから、そういうときは友達と集まって遊べる。だから、イベントをもっとしてほしい。

2014年のクリスマスイベントの様子。

上／ハロウィンの時期にはパーティーに合わせ、近隣センター内の商店も協力。
下／ハロウィンの飾り付けがされた槇塚台レストラン。

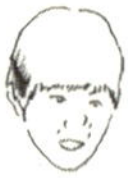

りくと君

サッカーチームが同じで小学校が違う友達同士だから、いつもはバラバラなんだけど、ここでイベントがあるときはお祭りみたいになって、みんな集まって遊べる。去年もハロウィンパーティーにみんなで来て、綿菓子を食べたりした。レストランのごはんが豪華になればいいなと思う。野菜が多くて、サツマイモとか干しぶどうとかが出てくるんだ。ハンバーグとかからあげとか、子ども用のごはんがほしいな。

まちかどステーションの誕生

建築設計学
小池さん

泉北ほっとけないネットワークの取り組みは、他のNPO法人の活動にも派生しています。槙塚台レストランの近くの空き店舗に2012年「まちかどステーション」がNPO法人ASU《あす》の会によって設立されました。

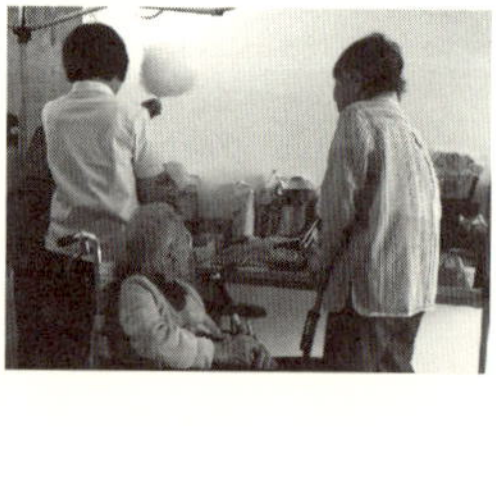

R・Hさんらが友達同士で槙塚台レストランの一画に出店した、手づくり雑貨のショップのにぎわい。

イベントに集まった小学生グループ。

柴田さん

NPO法人ASUの会で、高齢者のお出かけ支援、交流を目的としてさまざまな活動をしています。以前は新金岡でパソコン教室や手芸などの講座を定期的にやっていたのですが、新たに槇塚台の中に拠点をつくろうということになって、設計・施工の面でご協力いただき「まちかどステーション」をつくりました。

初年度は延べ5000人の方に利用いただき、3年目には1万人を超えました。徐々に地元の方に知っていただくようになってきている感じですね。運営は、コアメンバー十数名、店番などを行うボランティアを含め十数名で行っています。ほとんどが堺市周辺の地元在住者で、ボランティアメンバーには槇塚台在住の方もいます。堺市に家賃の2/3を負担していただいていますが、3年の期限が切れる2015年2月以降の運営をどう行うかが課題です[*1]。

まちかどステーションでは、以前別の場所でやっていた教室や講座をこちらに移したほか、編み物教室、歴史講座、古事記

柴田美治　70代。退職後、大阪府主催のシルバーアドバイザーの養成講座で知り合ったメンバーとともに2007年にNPO法人ASU（あす）の会設立。

*1 2015年1月のヒアリング時点。2015年2月以降は自主運営で活動を続けており、当時は週3日の営業だったが、現在は週4日へと拡大している。

を親しむ会、歌声ひろば、まちかどシネマなどなどさまざまな活動が行われています。講師の先生は、だいたい地元の方にやっていただいています。また、喫茶に来る人から広がっていくことが多く、人のつながりで成り立っています。また、毎日、野菜市をやっています。泉北の農家も全国と同じように高齢化しています。農家さんに元気になってもらいたいとともに、「地元の野菜を地元で食べてもらう」仕組みができないかと考え、はじめました。朝、農家の方に直接野菜を持って来てもらい、販売を続けています。最近は近所の方によく知っていただいて、開始30分くらいで半分くらいは売れてしまう日もあり、うれしい悲鳴ですね。

他には、壁一面のレンタルボックスをやっています。これは「せっかくつくったものを見てもらいたい」という要望があったので、ここをつくるときに大きな棚をつくってもらいました。いまではほとんど埋まっていてとてもにぎやかです。値段を付けても付けなくてもよいという仕組みにしていて、売り上げより、ここに来るきっかけや、話のきっかけになることを重視しています。中にはプロの職人さん顔負けの作品もあるんですよ。

上／まちかどステーション内観。
下／壁一面のレンタルボックス。写真は2012年の開始当初の状態だが、現在はさらににぎやか。

人のにぎわいが主役となるデザイン

建築設計
木村さん

「槇塚台レストランの並びに拠点をつくりたいのです」。現「まちかどステーション」代表者であるＮＰＯ法人ＡＳＵの会の柴田さんからそんな相談を受けました。高齢者支援住宅の二期工事がはじまろうとしていた２０１１年末です。地元の利用者の方々による自慢の手芸作品が展示・販売され、囲碁や会話を楽しみ、料理教室をはじめとするさまざまな講座が開かれる、そんな広く開放された「サロン」のような場所のイメージを柴田さんは語られました。

急遽はじまった拠点づくりに対して、われわれ設計チームが考えたことはとてもシンプルなものでした。「もともとあった内装仕上げをすべて取り去る」「壁面いっぱいをシンプルな合板の棚で埋めつくす」「みんなでぐるっと囲める大きなキッチンを室内奥中央につくる」その三つです。コスト面への配慮から、という理由はありましたが、何よりその場所で行われるで

木村吉成　プロフィールはP・56。

あろう人々の活動や作品、そしてにぎわいが主役となる、ささやかな「下地」を設計しようとしたのです。

そのような思いでつくったプランの意図を柴田さんは初提案の際、直ちに読み取られたように記憶しています。それは、例えば住宅であれば住みこなす「生活力」のような、ここではそれらを使いこなす自信、「活動力」とでもいうような、そんな力強さに裏付けされたものなのだと思いました。

利用者からのうれしい声

田村さん

妻と「お出かけ支援（↓P・123）」に参加するまで近隣センター内に「まちかどステーション」があることを知りませんでした。はじめ喫茶だけだと思っていたら歌声ひろばや歴史講座など数多くの講座が開催されていることを知り「お出かけ支援」が終わって1年以上経ちますが、今でも妻と一緒に歌声ひろば、歴史講座、シネマの講座を受け毎回たい

田村さん　槇塚台在住40年の80歳。75歳まで仕事一筋。ともにまちかどステーションに通う奥様は専業主婦。

へん楽しみにしています。今年で80歳になりますが、75歳まで仕事一筋だったこともあって近隣に知り合いがあまりいなかったのですが、老人クラブに加入し、クラブ主催の温泉旅行や催し物などに参加するようになり、知り合いができました。

私みたいな仕事一筋の者が退職後、地域で生きがいをもって生活するには、何かきっかけがいると思います。まちかどステーションに行けば多くの講座が開催され、興味のある講座に参加すれば楽しいし、知り合いができる。同じ槇塚台に住んでいるからご近所さんと交流が図れるのではなく、趣味や活動を通じ参加した者同士が共通の接点、話題があるからこそ、会話が弾み親しみもわきます。

D子さん

私はあまり外に出るほうではなかったのですが、高井先生の健康相談（→P・120）をきっかけに、こちらの朝市に来るようになりました。スーパーのものより安いですし、なにより新鮮でやわらかいんです。それから、農家の方と

D子さん　槇塚台在住の主婦。朝市という新しい楽しみが増えた。

直接お話しできるのもいいですね。つくっている人の顔が見えると安心して食べられます。それにここはお講座を定期的にやってられるので楽しみにしています。こういうところがあると、外に出るきっかけになるので人と話すことができて楽しいです。

認知症カフェが登場

リハビリ
高井さん

２０１３年12月１日、槇塚台を拠点とする介護事業所「愛のケア工房はるか」が近隣センターから歩いて5分程の住宅内に認知症対応型グループホーム「みんなのわが家　はるか」を開設しました。私は２０１４年１月に開かれた1回目の運営推進会議に参加させていただき、そこで認知症の人が住みなれた地域社会で少しでも長く暮らし続けるには、地域住民の認知症に対する正しい理解が不可欠であり、そのためには認知症の人とその家族、各専門家や地域住民が交

高井逸史　プロフィールはP・61。

流できる「認知症カフェ」が大きな役割を果たすことを説明しました。出席者および施設の経営者にも賛同をいただき、このことをきっかけに認知症カフェをつくることになりました。

２０１４年４月に「堺市認知症カフェ事業」という認知症カフェの事業経費を助成する公募が発表され、「みんなのわが家　はるか」も応募することになりました。地域コミュニティと一体となった「参加協働型」カフェの実現を目指すことにしました。残念ながら採択にはもれましたが、公募に申請したおかげで、グループホームの経営者も私自身も認知症カフェの目的や方向性が明確になったことは事実でした。

「コミュニティ・はるかふぇ」オープン

リハビリ
高井さん

認知症カフェは２０１４年９月にオープンしました。名称は「コミュニティ・はるかふぇ」。カフェの開催は毎月1回、第3土曜日の13時半～15時半とし、コーヒー

グループホーム「みんなのわが家　はるか」

運営推進会議の様子。グループホームでは概ね2ヶ月に1回事業者、当事者、当事者の家族、地域住民代表、地域包括支援センター職員などを対象に、サービス内容を明らかにし、より良くするため運営推進会議を開くことになっている。

や手づくりクッキーなどすべて100円均一としました。オープン初回の参加者はグループホームを利用するご家族5名、自治会長、民生委員1名、ボランティア2名、住民4名、理学療法士である私1名、作業療法士1名でした。われわれリハビリ専門職は、認知症に多く見られる症状の説明や症状の一つである注意力障害を検査するテストを実際に体験し、少しでも認知症について正しく理解してもらう取り組みを行いました。

　ボランティアの1人からグループホームの職員が注文を受けコーヒーを出すなどほとんどのことをやってしまい、入所されている当事者やボランティアの役割がはっきりしないとの指摘があり、職員と当事者の役割を明確に分け、お手伝いをする当事者にエプロンを掛けてもらうなど工夫を凝らしました。今後も時間をかけて認知症カフェを地域住民に知ってもらい、認知症への理解を深め、認知症の方やその家族が安心して生活できるよう継続して取り組んでいきたいと思います。

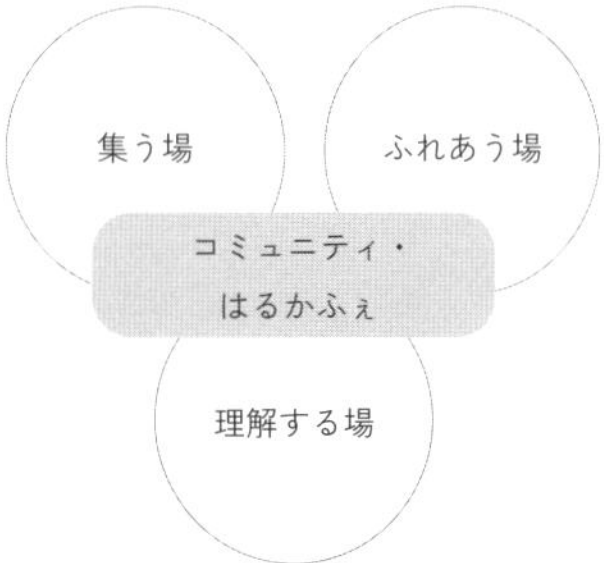

コミュニティ・はるかふぇのコンセプト。

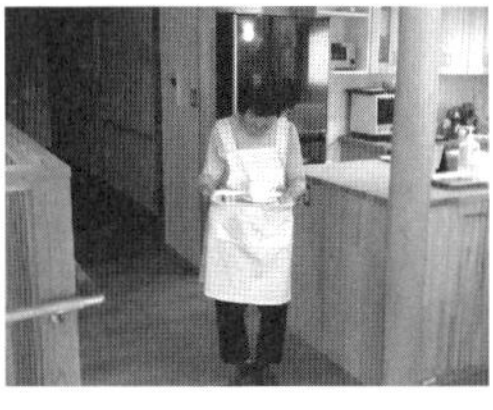
エプロン姿でコーヒーを運ぶ当事者。

今、ニュータウンに必要なのは、想定外

ニュータウンを歩いていると、当たり前だが住宅だけが並んでいて、夜7時を過ぎると人の気配がしなくなる。これは都心で働くサラリーマン家族が住むための場所としてニュータウンが計画されたことに端を発している。小学校区を一つの単位として捉え、歩行者専用の緑道と公園が用意され、生活に必要なスーパーや美容院などの商業施設が近隣センターとして中心部にまとめられる。その結果、「閑静な住宅街」と称されるように、「静かである」ということが好評価につながる住宅地ができあがった。

しかし、閑静な住宅地としてのニュータウンとは異なる新しい郊外住宅地の魅力を考える時期に来ているのではないだろうか。家族という枠組みが変化して、高齢夫婦のみの世帯や高齢者の1人暮らし、共働きの子育て世帯

などが増加し、家の中だけで暮らしが完結してしまうことの問題が認識されはじめている。個人の生活を支えるには家と職場の往復だけではなく、「第三のくつろげる居場所」が必要だという考え方も注目されている。しかし、退職を機に新しいことをはじめてみたい。子育てを通して趣味を広げたい。庭先でちょっとした店をやってみたい。散歩のついでになんとなく立ち寄るところが欲しい。そんな望みを叶えることが、従来のままニュータウンでは難しい。

これは、ニュータウンでは良好な住環境を維持するため、用途を混在させないことが重視された結果である。用途というのは建物の使い方のことで、法律によって裏付けされている。現在、堺市には12種類の用途地域があるが、槇塚台校区に定められているのは3種類だけである。一つは近隣センターのある中心部で「近隣商業地域」である。この地域には法律上は住宅以外に物販店や飲食店、事務所、カラオケボックスなどを建てられる。後の二つは府営団地などの共同住宅が建つ「第一種中高層住居専用地域」と戸建て住宅が並ぶ「第一種低層住居専用地域」であり、どちらも住宅以外の用途に制限がある。郊外住宅地のビルや家は、住むための住宅、勉強するための学校、買い物のためのセンターというように、ある特定の目的のために存在している。ニュータウンはこのように住宅地としてあまりにもしっかりつくられているため、想定外の活動をする余地がない。「第三のくつろげる居場所」はどこにあるのだろうか。

その手がかりの一つが、泉北ニュータウン出身のアサダワタルさんにより2006年に提案された「住み開き」という概念である。週末カフェやホームパーティー、教室など、自分の住まいを無理なくちょっとだけ開くことを指す。住み開きの結果として生まれるコミュニティについて、アサダさんは「血縁も地縁も会社の縁をも超えたゆるやかな『第三の縁』を紡いでくれるはず」としている（『住み開き——家から始めるコミュニティ』アサダワタル）。

住まいを開くという考え方には、1人暮らしの高齢者にとっては、孤立を防ぎ、手助けが必要なことを他人に早く気が付いてもらえるなどの利点がある。厚生労働省は、2025年を目処に、高齢者が自分らしい暮らしを人生の最期まで可能な限り住み慣れた地域で続けることができるような地域の仕組みづくり（地域包括ケアシステム）を推進している。自立した暮らしを自宅でするためには、他人による支援を受け入れやすくする必要がある。逆説的に聞こえるかもしれないが、他人に開いた住まいをつくっていくことで、住み慣れた場所で暮らし続けることができるのである。

もう一つの鍵は、今、全国的に深刻化している空き家である。2013年に全国の空き家率が13・5％となったと大きく報道されたことが記憶に新しい（総務省の平成25年住宅・土地統計調査）。そして、今後も空き家率が上昇することが予測されている。放置された空き家の老朽化の問題、防犯性への危惧、管理の手間、相続の心配、課題が山積みだ。ニュータウンも例外ではない。

2012年に槇塚台校区において、空き家調査が実施された。それによると、槇塚台団地での戸建て住宅の空き家率は4・2%である。数値としては、他の地域と比較するとそれほどでないように見えるが、24軒に1軒が空き家であるということになる。槇塚台校区の道路で囲まれた一区画が15軒程度あるとすると、おおよそ2区画に1軒ごとの空き家があるということになる。

この空き家を地域の空きスペースと捉えることはできないだろうか？　空き家をそのまま放っておくと、さらに空き家が増える。その結果、住宅地の活気がなくなっていく。そうすると、さらに人が減る、という方向に進んでしまう。しかし、空き家を使ってみたらどうなるだろうか？　地域の空き店舗や空き住戸を使ってみることにしたら、まちを歩くごとに新しい場所ができて、住宅地に活気が生まれる。それらをつないで空間をシェアしながら使うとしたら？　空き店舗や空き住戸を運営する人がいて、使う人がいて、それぞれの楽しみが見つけられる。空き家を拠点とすれば、住まいを開くことに加えて、空き家を開いた楽しい居場所をつくることができるかもしれない。
本章では、空き家・空き店舗、空きスペースを実際にとりあえず使ってみる取り組みを紹介している。空きを使うことで、ニュータウンに多様な暮らし方を持ち込んでみようという試みである。

参考文献　『泉北ほっとけない「泉北スタイル」普及推進事業報告書』（NPO法人すまいるセンター、2013年）
『泉北ニュータウン再生指針』（堺市、2010年）

小池　志保子

大阪市立大学大学院生活科学研究科准教授。一級建築士。大阪の木造長屋の再生プロジェクトなどを行う傍ら、居住空間設計を専門とする立場から2010年より「泉北ほっとけないネットワーク」に参加。建築家の木村吉成、松本尚子、白須寛規の指導で居住空間学講座の学生が設計した「高齢者支援住宅」および「槇塚台レストラン」を応援する。シェアハウス「緑道下の家」には共同設計者としても参画。小中高校時代を神戸市内のニュータウンで過ごす。

コラム④

第3の居場所で健康に

近年ではオーストラリアやアメリカなどを中心とした多数の研究により日常の身体活動に対する地域の物理的な環境の介入効果が示され、健康づくりを目的とした施策に反映されるようになってきています（世帯密度、公園の数、サービスへのアクセス、歩道・自転車道、景観など）。

2013年にわれわれは泉北ニュータウン槇塚台地区に居住する高齢者の日常生活調査を行いました。調査では、自記式の調査票と活動量計、GPSを用いて、活動の種類と時間、活動量そして外出の状況を詳細に記録しました。すると、対象者のおよそ2割の方が公園や緑道などの環境を利用し、散歩などを積極的に行っていました。一方で、3割は外出が少なくテレビ視聴時間が長くなっており、自宅周辺に商店や施設が少ないために外出の機会が増えにくいように感じられました。

泉北ニュータウン内には緑道など歩きやすい環境はすでにある程度整備されています。そこに、槇塚台レストランやまちかどステーションが誕生することで、イベントやさまざまなクラブ活動、習い事などが行われるようになり、近隣センターやその周辺が活気づいています。このような「第3の居場所」が点在するようになれば、居住者の外出が促され、健康に住み続けられるまちになることも期待できるのではないでしょうか。

今後も「第3の居場所」での取り組みが継続され、多くの居住者に周知されることを望みます。（杉山正晃）

第五章

リノベができた
――泉北スタイルでリノベーション

ニュータウンでは、空き家と少子高齢化の問題が顕在化しつつあります。泉北ニュータウンでは、空き家問題を解決する糸口として実際に空き家を改修して活用事例をつくっています。戸建ての空き家や団地の空き住戸をリノベーションによって、寝に帰る場所から暮らし、働き、楽しむ場所へと変える取り組みを紹介していきます。

泉北スタイルでリノベーション

緑道下の家は、築30年以上の空き家を改修した、農作業や地域の人とのコミュニケーションを楽しめる共同住宅。泉北ほっとけないネットワークの取り組みの中で、大阪市立大学の学生の設計案をもとに再生された。1階には高齢者2組の入居、2階には子育て世帯の入居を想定している。

緑道下の家平面図

玄関であり、人とのおしゃべりを楽しむ団欒の場。

車庫では、小さなお店を開くことも検討中。

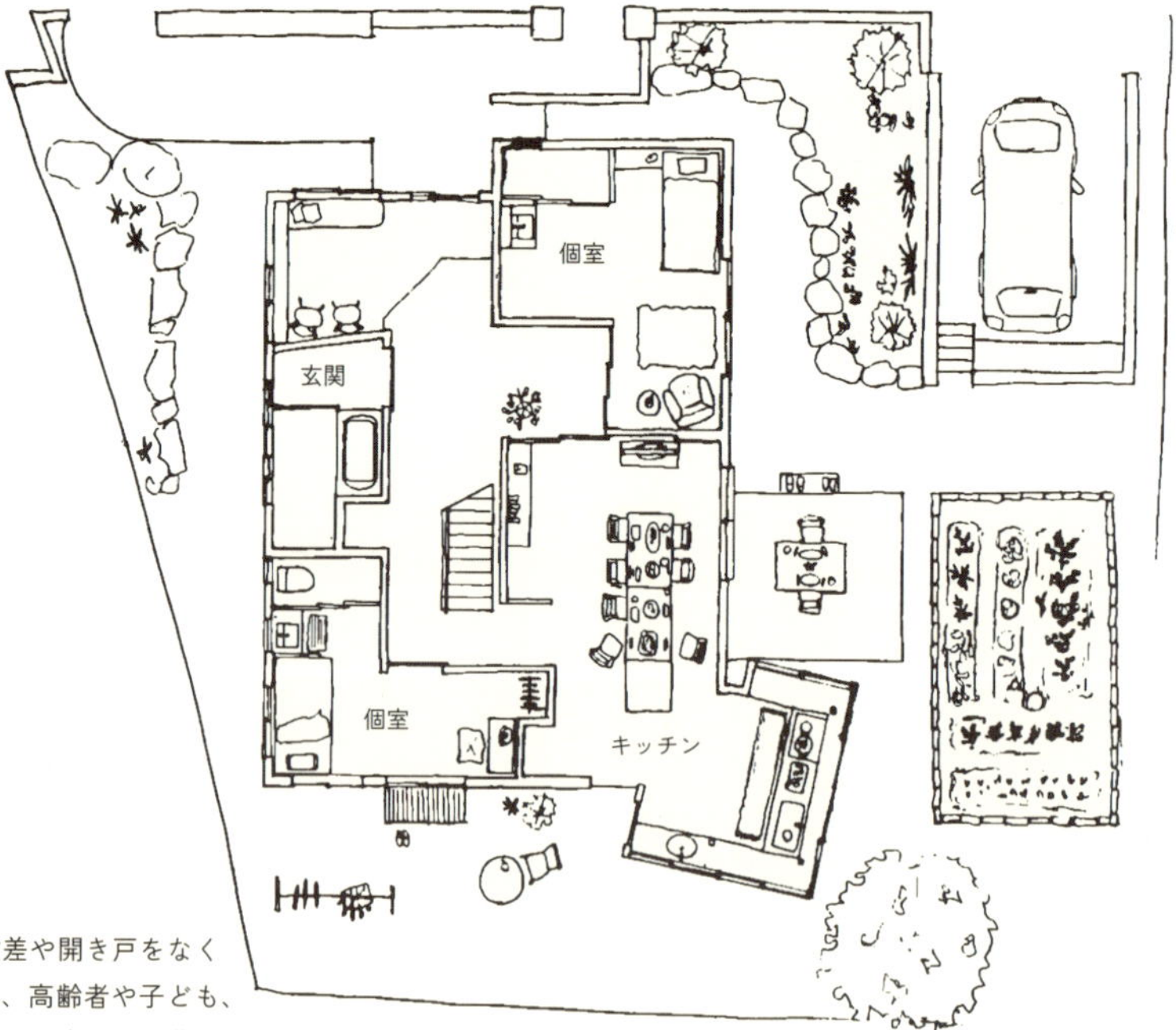

段差や開き戸をなくし、高齢者や子ども、誰もが安心して暮らせるデザインになっている。

敷地の豊かな自然を生かし、洗濯物干し場と併せて自分だけの庭をつくることができる。

庭に近いリビング

2室をつなぎ、庭に面した明るく大きなリビングは住人同士の団欒や、料理教室、地域の会合にと、たくさんの人が集まれる空間。

菜園と家の関係

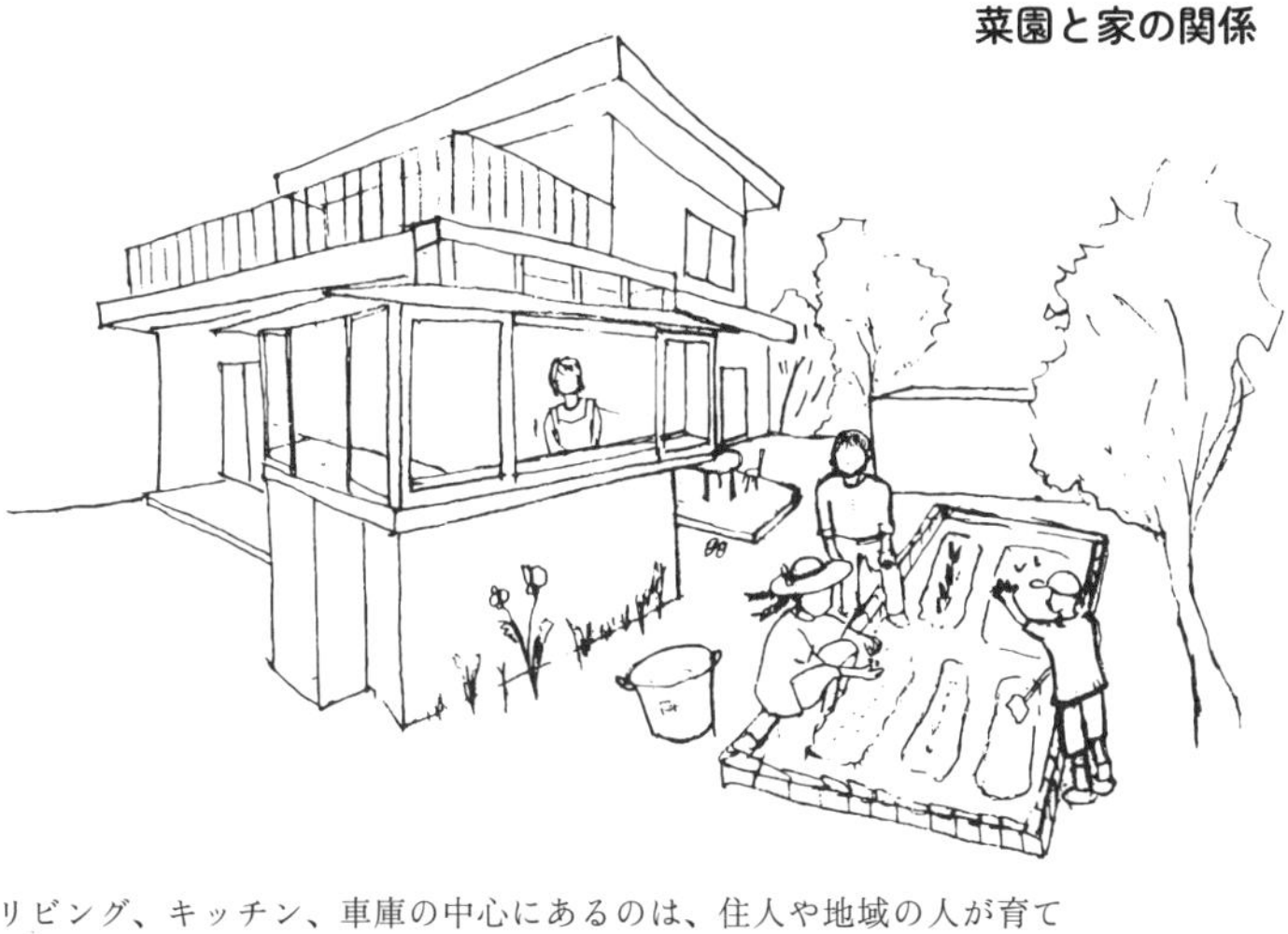

リビング、キッチン、車庫の中心にあるのは、住人や地域の人が育てる菜園。季節ごとの採れたて野菜を調理して、デッキで楽しむこともできる。

空き家をシェアハウス「緑道下の家」に

小池志保子　プロフィールはP・98。

建築設計学
小池さん

槇塚台校区にある空き家を4名が住むシェアハウス「緑道下の家」に転用しました。シェアハウスとは、入居者が個室を持ちながら、リビングやキッチン、庭などを共有する住まいのことで、安い賃料で広い空間を使える点や他の住み手と交流できる点が利点です。独居高齢者や子育て世帯が庭付きの戸建て住宅に住みやすくなる方法としても注目です。

「緑道下の家」は、1975年に建てられた鉄骨造2階建で、90坪のゆったりとした南向きの角地に建っています。校区内でも日当たりが良くて居住環境の良好な土地で、広い庭が印象的です。

改修前は、1階にダイニングキッチンと2室の和室があり、

改修前の緑道下の家。1975年築、鉄骨造2階建。303・69m^2という広い敷地にゆったりと建つ家が、長らく空き家になっていた。

上／緑道下の家、改修後外観。
下／改修後個室。座って利用できる洗面台が各個室に付いている。

2階は部屋割りなしのまま内装が施されていませんでした。改修後は、個室を1階に2室、2階に2室とし、合計4名が住めますが、2階は2室を合わせて家族で借りることも想定しています。

料理教室と農作業

建築設計学
小池さん

「緑道下の家」の宣伝文句は、「泉北スタイルを楽しむシェアハウス、料理教室ができて、農作業ができる。」です。キッチンと庭を大事にした改修をしています。改修前の間取りを尊重しながら計画をした上で、南の庭に向かって張り出すようにキッチンを増築しました。明るいキッチンで畑を見ながら料理をつくり、振り返ると食事をしている誰かが見えます。その向こうでは、くつろいだり、読書したりと思い思いに過ごしている住み手が見える。そんな日常を想像しています。

増築したキッチンからは、畑が目の前に見える。

キッチンと玄関土間は対角線上に位置し、その線上にリビングと畑をつくっています。対角線上に並ぶ部屋では楽しみを共有しつつ、そこから広がった個室などでは個々の暮らしを大事にする。そんな暮らし方ができるのが「緑道下の家」です。

戸建て空き家改修新聞を発行

建築設計学
小池さん

「緑道下の家」は実験的な試みなので、つくりながら情報発信をしようということで「戸建て空き家改修新聞」を発行したり、勉強会を開催したり、映像をつくったりと、本当にいろいろなことをやりました。「戸建て空き家改修新聞」は「緑道下の家」の設計に関わる大学院生の齋藤さんが発行しました。次頁の第3号は「緑道下の家」を一緒に設計しているメンバーを紹介する号になっています。

第3号
ゼミのメンバー、紹介します！

2013年（平成25年）2月18日
ほぼ隔週月曜日発行

戸建て空き家 改修新聞

「戸建て空き家改修新聞」とは？

泉北ニュータウンでは現在、一戸建ての空き家を新しい暮らしの場として再生する計画が進められています。事業には多くの方が関わっていて、それぞれの持ち味を活かしています。

そんな中、市大の研究室では、ほぼ毎週、戸建て空き家の改修デザイン検討会を開催中!!

この新聞では検討会で話し合った内容や地域での出来事、改修に関連した情報をみなさんにお伝えしていきます。

発行：
大阪市立大学居住福祉環境設計チーム

戸建て空き家改修新聞に関するご意見・お問い合わせは下記までお寄せください。

〒558-8585
大阪市住吉区杉本3-3-138
大阪市立大学生活科学研究科内
小池研究室
TEL/FAX:06-6605-2873

なお、facebookでも情報発信を行っており、こちらでもご質問にお答えしております。
併せてご覧下さい。

泉北ほっとけないネットワーク「泉北スタイル」普及促進事業
https://www.facebook.com/senbokustyle.hukyujigyo

お問い合わせはこちらまで!!

〈戸建て空き家改修ゼミ〉

さて、新聞も第3号となりました。ここで空き家改修のデザイン検討を進めているゼミメンバーを紹介しようと思います。

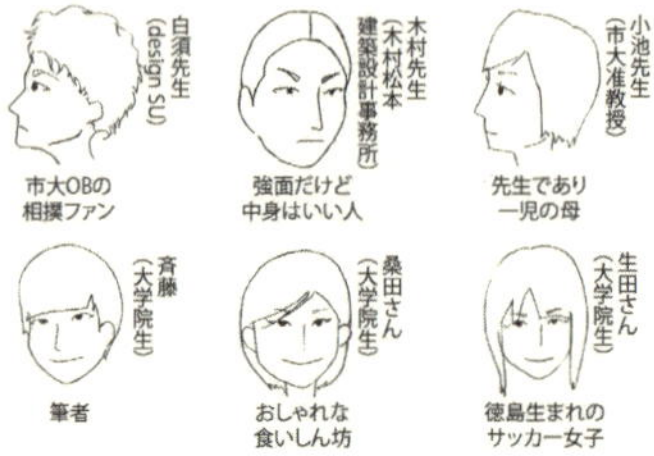

ゼミは先生3名、学生3名という6名で構成されていて、小池先生が進行役をして他のメンバーが発言していくという形を取っています。議論に行き詰まった時には木村先生がおもしろい提案をして場を和ませ、難しい話になると白須先生が分かりやすく解説してくれ、ゼミが長時間になり疲れた時には小池先生がお菓子を出してくれ（わーい！）、学生は楽しくゼミに参加しています。

最近の検討では、どのような人が住むとか、個室をどこに配置するとかいった基本設計がほぼ終了し、詳細の設計を進めており、壁の厚さはどのくらいにするかなど寸法を決めていっています。この後、素材や家具もどんどん決めていきます。

〈建築の醍醐味〉

間取りを考えていく上で問題点は必ず出てきます。例えば「廊下の幅は９０㎝必要だけど、８０㎝しかない」といった法律によるものや、「この階段だと上る時に、2階の床で頭を打ってしまう」といった笑い話のようなものまであります。その問題を、実際の敷地に何度も足を運んだり、堺市役所へ相談しに大学から自転車で行ったり、セミナーでみなさんから意見をいただいたりして得られた情報などから、解決していきます。自分が良いと思っていた間取りでも、問題解決によって新たに生まれた間取りの方が格段に良くなっていて、以前は問題が生じる度に「大変だぁ～」と思っていましたが、今では「これよりももっと素敵なものがつくれるのか！」とワクワクするようになりました。問題点をプラスの点に変えていくことは建築の醍醐味ですね。そして、「簡単に出てくるデザイン」よりも、いろいろな問題を乗り越えて生まれる「難産なデザイン」の方が良い住まいになるのではないでしょうか。問題の多い空き家であっても、それが、みんなが集まる素敵な家に生まれ変わって、泉北がさらに住み良いまちになると良いと思います。

次回は、実際に改修が完成した時に、こういう人が住んだらこういう家になるんじゃないかという住まい方の例を紹介したいと思います。

（文：斉藤由希子）

齋藤さん

大学院の研究として約1年半、緑道下の家の設計に関わらせていただきました。工事中の現場に通って先生方や大工さんに教わりながら図面を描いたことを思い出します。

この改修では、既存建物に対してさまざまな変化を与えましたが、今振り返ると、一番大事な変化は、キッチンの増築だったのではないかと思います。もともとこの敷地には広い庭がありました。私たちはここに野菜や花を育てられる畑をつくり、そこに向かって張り出すようにキッチンを増築しました。このキッチンは三面が引き違いのガラス窓になっており、庭との関係をぐっと近付けています。そしてその様子が道路から垣間見えるのです。

私はこの活動を通してたくさんの地域の方に出会ったことで、シェアハウスの地域の中での在り方を考えることの大切さを学びました。キッチンと畑がきっかけとなって近所の方が立ち寄ってくれるような家になってほしいと思います。

齋藤由希子　大阪市立大学大学院生活科学研究科居住環境学講座の大学院生として2012年4月から2014年3月まで泉北ほっとけないネットワークに関わる。戸建て空き家改修新聞を発行

シェアハウスへの改修デザイン

建築設計学
小池さん

「緑道下の家」の改修は、第一章で取り上げた「槇塚台レストラン」や第二章で紹介した「高齢者支援住宅」のデザイン手法を引き継ぎつつ取り組みました。改修前の建物が持っていた「なつかしさ」を前提としながら、身の回りの小さな手すりから耐震補強までを同じように捉えてデザインすることを大事にしています。手で握れる耐震補強、小屋のようなキッチン棟の増築、ふと腰かけたくなるベンチ付きスロープ、自分の家にもあったと言いたくなるタイルなどにより、改修前の住宅が持っていた魅力が増幅するよう意図しています。

また、金剛山の山並みへの眺望や、大きな南面を利用した菜園づくり、ガレージを利用した野菜マルシェの試み、キッチン棟を利用した料理教室など、さまざまな暮らしが楽しめる場を用意しています。

「緑道下の家」改修前と改修後の1階内観。「なつかしさ」を感じさせる既存の壁の仕上げ材や照明器具を活用している。

空き家調査

建築住居学
小伊藤さん

次に、空き家を活用する具体的な手続きについて見ていきたいと思います。空き家を活用する上での最初の困難は、実は活用できる空き家を探すことでした。槇塚台校区に空き家はあるのですが、所有者と連絡が取れない場合や、積極的に空き家を活用する意思が所有者にない場合が多いように見受けられました。

そこで現状の空き家の把握を兼ねて、空き家調査を自治会と協力して実施することになりました。２０１２年９月、槇塚台校区を12分割して実施しました。次頁の図に示した「空き家判定方法」を使えば、目視で簡単に空き家を判定できます。槇塚台校区１３９２区画を調査し、結果は空き家が59軒（空き家率４・２％）、空き地が20区画（１・４％）と、全国や大阪府下と比べると、空き家率自体は低いことがわかりました。ただ高齢化が進んでいるため、今後一気に増加する可能性はあります。

小伊藤亜希子　大阪市立大学大学院生活科学研究科教授。泉北ほっとけないネットワークの活動では、住生活学の立場から空き家所有者調査、および子育て世帯の居住地選択とライフスタイル調査を担当した。

空き家判定方法

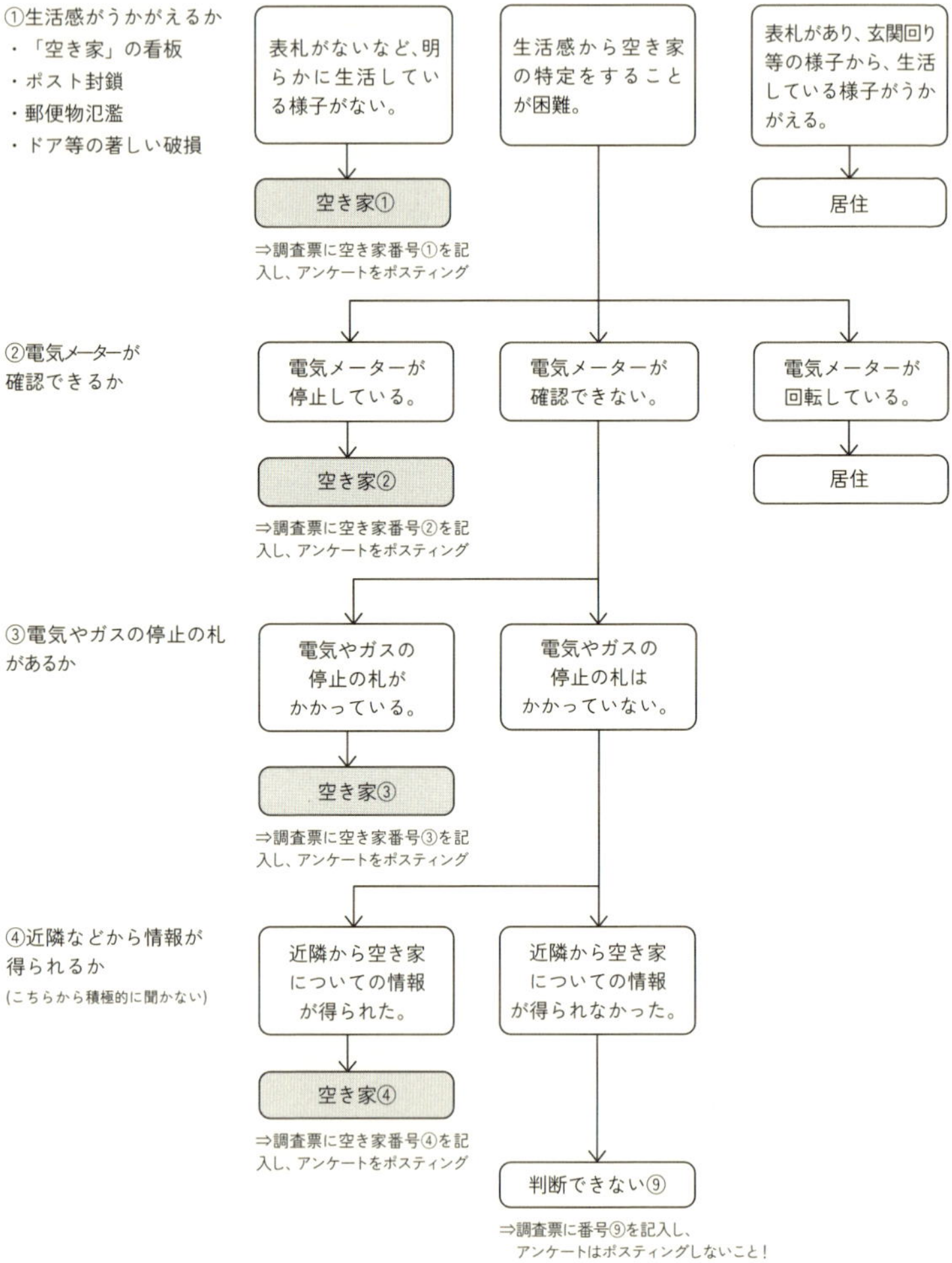
①生活感がうかがえるか
・「空き家」の看板
・ポスト封鎖
・郵便物氾濫
・ドア等の著しい破損
表札がないなど、明らかに生活している様子がない。
生活感から空き家の特定をすることが困難。
表札があり、玄関回り等の様子から、生活している様子がうかがえる。
空き家①
居住
⇒調査票に空き家番号①を記入し、アンケートをポスティング
②電気メーターが確認できるか
電気メーターが停止している。
電気メーターが確認できない。
電気メーターが回転している。
空き家②
居住
⇒調査票に空き家番号②を記入し、アンケートをポスティング
③電気やガスの停止の札があるか
電気やガスの停止の札がかかっている。
電気やガスの停止の札はかかっていない。
空き家③
⇒調査票に空き家番号③を記入し、アンケートをポスティング
④近隣などから情報が得られるか
(こちらから積極的に聞かない)
近隣から空き家についての情報が得られた。
近隣から空き家についての情報が得られなかった。
空き家④
⇒調査票に空き家番号④を記入し、アンケートをポスティング
判断できない⑨
⇒調査票に番号⑨を記入し、アンケートはポスティングしないこと！

目視調査に加えて、周辺住民の空き家に対する意識調査として、班長をされている方にアンケートを実施しました。回収率は低く回収できたのは24通のみでしたが、周辺住民から見た空き家の状況についてある程度把握することができました。アンケートからは、槇塚台の空き家の特徴として、老朽危険家屋の状態になっているものはあまりなく、比較的管理状態が良いことがわかりました。そして所有者にはもともと住んでいた方が多いこともあり、周辺の方にやや不安を与えながらも、ときどき訪れて管理にも気を遣っておられるため、管理状態が良く、活用できる可能性が高いことが見えてきました。[*1] さらに空き家と判定された住宅の所有者にアンケートを本事業の主旨を説明する資料とともに送付しました。資料は登記簿の情報に基づく所有者に送り、郵便物を取りに来ている様子の空き家には直接投函しました。宛先不明として戻ってきた資料があり、登記簿上からは所有者が不明な空き家が全体の1／3を占めていました。アンケートは7件返ってきました。そのうち、ヒアリン

*1　周辺住民アンケートの回答によると、所有者が空き家を訪れることがあるかとの質問に対し「よく来ているようだ」「たまに来ているようだ」が合わせて53％、「ほとんど来ていない」は30％ほどであった。また空き家の庭や植栽の管理状態については「きちんと管理されている」「ある程度管理されている」が合わせて70％を超え、「放置されている」は30％弱だった。空き家で困っていることとしては、「倒壊の危険を感じる」「ゴミが不法投棄されている」などは少なかったが、「不審火などが不安である」(60％)、「治安が悪い」(55％)、「雑草が生え良好な景観を阻害している」(55％)については一定の問題を感じていることがわかった。

グに応じてくれた所有者が3名、そのうちの1軒が今回改修することになった空き家です。

「緑道下の家」の所有者は市外に居住されていて、思い入れのある建物のため手放す気はないが、今後住む予定もないということで空き家になっていました。所有者の方とお話しすると、地域の役に立つならと活用を承諾してくださいました。

賃貸借契約は定期借家契約[*2]を結ぶことになりました。「緑道下の家」の場合、空き家の所有者には積極的な空き家活用の意思はありませんでしたが、地域貢献への理解があったこと、定期借家契約により活用の期限を決められることが空き家の活用につながったと考えられます。

*2　2000年からはじまった契約で定めた期間だけ賃貸借し、期間が終了すると双方に再契約の意思がなければ契約が終了する制度。従来の賃貸借契約では借りている人に更新の意思がある場合は自動的に契約が更新されることになっていたが、定期借家契約では期間が終了すれば空き家が所有者のもとに戻ってくる。

地震対策と空き家改修

建築設計学
小池さん

「緑道下の家」の改修では、安心して住めるように耐震補強をしています。実は戸建ての空き家を活用する際には、耐震補強に関する法律上の規制がありません。耐震補強を実施するかどうか、どこまでの耐震性能を求めるかどうかは、所有者や活用者の判断に委ねられているのです。

また「緑道下の家」の改修は、泉北ニュータウン内の戸建て空き家の活用を進めていきたいという目的を共有する、堺市のニュータウン地域再生室とも協力しながら進めました。地域に開いた活動であるため、耐震補強を実施することにしました。

耐震補強をする際には、いわゆる新耐震基準といわれる現行の耐震基準が導入される1981年以降にできた建物かどうかがひとつの判断基準となります。今回の建物は1975年築のため、残念ながら新耐震基準には合致していないということになります。そこで構造家に依頼して耐震診断を実施し、耐震補強の計画を立てました[*3]。耐震補強に加えて、耐震安全性の要件を満たしていることについて第三者機関の認定を受けることにしました。

耐震補強の手続きをまとめると、耐震調査→耐震診断→診断

室内の耐震補強。既存の鉄骨を支えるもので、手すりや棚としても活用できる。

*3　耐震補強については、耐震改修促進法によるIs値の判定基準0・6以上を満たすための耐震補強を施すこととした。

に基づいた補強計画→耐震補強工事→安全性の確認（第三者機関の評価）という流れになります。耐震補強をするためには費用と期間と人材が必要ですが、今回の場合は相談窓口として泉北ほっとけないネットワークのメンバーの協力が得られたため、その都度判断しながら改修を進めることができたといえます。しかし、期間と費用は当初の想定より大幅に増えました。

法律と空き家改修

建築設計学
小池さん

戸建て住宅をシェアハウスに転用するためには、建築基準法と消防法上の手続きが必要となります。建物にはその使いみちに応じた規制があり、変更する場合にも届け出がいるのですが、このことを「用途変更」と言います。今回の場合は、戸建て住宅をシェアハウスに変更します。法律的には「一戸建て専用住宅」から「寄宿舎」という用途に変更するということになります。シェアハウスは建築基準法上では寄宿舎に分類されているのです。

建物の用途ごとに法律の規制が違うため、この用途変更の手続きに伴って遡及される事柄がいくつかあり、改修工事が必要になる場合があります。まず建物を建てたときの書類（確認申請証）があるかどうかを調べます。今回の建物の場合、確認申請証を含む確認申請図書は保存されていましたが、検査済証は発行されていませんでした。この検査済証というのは、工事が完了したときに完了検査を受けると発行されるもので、建物が図面の通りに建っているという証明になるわけです。

しかし、その証明がないとなると構造の全数調査などをして、建物が図面通りに建っていることを証明することからはじめなければなりません。結局「緑道下の家」ではその調査を行い、一部、是正工事を行うことにより用途変更の手続きを進めることができました。

なお、今回の計画ではキッチンを増築しています。延床面積の1／20以下の増築は、用途変更に伴なって行う分には比較的制約が少なく、容易にできました。

ちなみに、2005年度の国土交通白書によると、建築の確認や検査を民間機関が行えるようになった1998年の完了検査実施率は約38％だそうです。以降、この数字は上昇しているようですが、空き家を活用する際に、完了検査済証のある建物と出合える確率はあまり高くないようです。

これからの「緑道下の家」

建築設計学
小池さん

「緑道下の家」は２０１４年春に竣工しました。その際に開催した「地元野菜を使った料理教室・お寿司パフェ」と「地元野菜を使った料理教室・えんどう豆大福」には近所の方を含めて、40名程の方に参加いただきました。

しかしまだ「緑道下の家」の入居者は決まっていません。あまり広報できていないこと、高齢者にも若者にも住んで欲しいという複雑な入居者募集であることなどが原因だと考えています。今後は情報発信の方法や使い方を検討しながら、「緑道下の家」を地域の中で育てていきたいと考えています。

料理教室の様子。

泉北ニュータウン住宅リノベーション協議会の立ち上げ

NPO運営
西上さん

公的賃貸住宅の高層棟が耐震基準をクリアできずに用途廃止となり、道路下の水道管が老朽化で破

西上孔雄 プロフィールはP・46参照。

裂するなど、泉北ニュータウンは今ではオールドタウンとなりつつあります。また泉北ニュータウンは多くの団塊の世代の人たちで構成され、この世代も間もなく後期高齢者となります。人もまちも老朽化してきているからでしょうか、残念ながら泉北ニュータウンでは若い世代がどんどん減っています。このまちに魅力が足りないのか、社会人になると利便性の良い場所に移り住んでしまうようです。

その大きな要因として、若い世代にとって住みたいと思える住居が不足していることがあります。泉北ニュータウンの住居といえば、どうしても古い団地をイメージしてしまいます。しかしながら泉北ニュータウン内には壊してしまうには勿体ないような立派な木造住宅が数多く眠っています。これらの木造住宅をお洒落にリノベーションすることで、建て替えるよりも割安なコストで若い方たちが住みたいと思える住宅を提供できるのではないかと、大学・NPO・不動産・建築家などが集まり、行政と連携して〝泉北ニュータウン住宅リノベーション協議会〟を立ち上げました。

高度経済成長期はスクラップ&ビルドで家を建て替える時代でしたが、これからは地域にある有益な資源を活用し、若い世代にも手が届く価格で地球環境にやさしい既存住宅のリノベーション活用を広めていきます。

不動産
米田さん

私たち大阪府不動産コンサルティング協会は、約5年前、国土交通省の補助事業でニュータウンの戸建て住宅の空き家問題に取り組んだことをきっかけに、泉北ニュータウンと関わるようになりました。現在は、泉北ニュータウン住宅リノベーション協議会の連携パートナーとして活動しています。住まいを活用する際に、何のために、どのように、また、どうやるかというような、住宅を所有する方、取得・利用する方などの考えや状況に応じた対策・手法を企画したり、そのための環境を整備したりする「まちづくりのシステムづくり」が私たちの役割です。

泉北ニュータウンは、緑豊かな住環境を有するまちとして成長しましたが、少子高齢化の進展、人口の減少、住宅や施設の老朽化などさまざまな問題が現れはじめています。

そこで、これらの諸問題への対策として、泉北ニュータウン住宅リノベーション協議会では、リノベーションによる住宅の流通促進などを通じて、若年世代の定住者の増加や泉北ニュー

米田　淳　公認不動産コンサルティングマスター。（一社）大阪府不動産コンサルティング協会会長。（一社）全国空き家相談士協会専務理事。きりう不動産信託（株）顧問。大阪市空家等対策協議会委員。

泉北ニュータウン住宅リノベーション協議会、会議の様子。

タウンでのこだわりある魅力的な暮らし「泉北スタイル」の普及を目指しています。

そのために住宅の売買や賃貸流通を促進し、リノベーションしやすい環境を整備することや、デザイン性と安全性を確保した住宅、職住一体の住宅などの「泉北スタイルの家」の研究に取り組んでいます。

建築設計
西さん

私は建築家という立場から、泉北ニュータウン住宅リノベーション協議会に関わっています。まちびらきから50年が経ち、泉北ニュータウンのまちや住宅に求められる役割は変わりつつあります。「〇LDK」や「田の字型」で画一的に区切られたプランは、暮らしに合わせてデザインし直す必要があると感じます。ニュータウンの風景を培ってきた家々を継承しながら、暮らしと仕事や趣味が重なり展開するまちへと深めていく、そんなまちづくりが必要なのではないでしょうか。築年数の経った家、性能的にも劣ってきた家を、建

西　恭利　一級建築士、宅地建物取引士、一級施工管理技士、インスペクター。結婚後、泉北ニュータウンに移り住む。地元ビルダーコアー建築工房にて8年間勤務後、西紋一級建築事務所を開設。関西を中心に、住宅のリノベーションに多数携わる。まちの魅力を発信する「泉北をつむぐ　まちとわたしプロジェクト」等のコミュニティ活動にも参加。

築技術をもって再生し、資産価値を向上させながら、暮らしの器として泉北ニュータウンの住環境の中でよみがえらせる。これが協議会、そして建築、不動産技術者としての現代の使命だと考えてリノベーションとまちづくりに取り組んでいます。

中古住宅リノベーションで、職住一体の暮らし

建築設計
西さん

1階に祖父母世帯、2階に家族が暮らし、当時はその容量が必要であったSさんの家。ところが1階は空いてしまい、子どもたちは、家から出て行ってしまい、2階の一部が使われている状況に。そこに結婚した子どもたちが、泉北に帰ってくることになりました。間仕切られていたキッチンをオープンに、二間続きの和室をダイニングリビングに。外の風景を室内に引き込むように考え、お気に入りの素材、家具に囲まれ暮らすSさんは、ただ今近郊の農村地域でカフェをオープン予定です。

中古物件を購入し、家族と暮らしていましたが、お子さんたちは独立し、この家で菓子工房をつくりたいと思ったYさん。何度かリフォームした1階洋室に新しく厨房を設置したいという相談をいただきました。でも普段の暮らしのキッチンとは別に新

西さんがリノベーションを手がけた住宅。ニュータウンの豊かな緑を室内へと取り入れる、キッチンと居間をつなげるといった設計の工夫によって、暮らしと仕事や趣味が重なり、まちへと展開する住まいへと変貌を遂げている。

しく厨房を設けるよりも、今のキッチンに厨房を配置して、ダイニングにキッチンを新設する方が、設備工事が少なく済み、普段の暮らしの中で厨房を使いこなすプランで進めました。厨房からキッチンを経て緑道につながる空間は、泉北ならではの環境を生かし、将来コミュニティスペースとしても使えるリノベとなりました。

リノベ暮らし学校

上岡さん

泉北ニュータウン住宅リノベーション協議会は、職住一体や同居、近居など、泉北らしいライフスタイル（泉北スタイル）をリノベーションにより広げることを目的に、2016年度からリノベーションに関心がある方や泉北ニュータウンに住みたい方を対象に、戸建て住宅のリノベーションを体系的に学べる講座「リノベ暮らし学校」（2016年6～12月の月1回開催・全7回）を開催しました。

上岡文子　大阪狭山市在在。夫と4歳の娘の3人家族。滋賀県立大学、大阪市立大学大学院を経て、株式会社ダン計画研究所に入社。以来、大阪市内、南大阪中心に歴史的建物の保存・活用や、空き家活用などの仕事に携わる。2015年から泉北ニュータウン住宅リノベーション協議会事務局を務める。泉北ニュータウンは自宅からも近く、買い物に行ったり、大きな公園で子どもを遊ばせたり、身近な存在です。

リノベーション全般を学ぶ「リノベはじめるコース」と、自宅での仕事や小商いに関心がある方向けの「仕事もはじめるコース」の2コースを設定し、協議会所属の建築士や不動産の専門家に加え、泉北ニュータウン在住の子育てファミリーや家具デザイナー、起業支援の専門家など、多彩な講師をお招きし、リノベーションを切り口にライフスタイルについて学び、考える場を提供しました。住み手から実際の住み心地や使い方などをお聞きする「リノベ住宅をめぐるバスツアー」も開催したいへんご好評をいただきました。各講座20～30名程度、延べ約250名にご参加いただきました。

参加者の声から、泉北ニュータウンの住みやすさやリノベーションへの関心の高さを、改めて私たちが実感する場にもなり、今後も継続して続けていきたいと考えています。

木村さん

今の生活スタイルに合う家が欲しい！　と思い、2年前に築40年以上の中古物件を購入して、フルリ

2017年度のリノベ暮らし学校のちらし。

木村絵美　槇塚台在住の40代主婦。夫と高校生と中学生の子どもとうさぎの4人と1羽家族。1歳から槇塚台で育ち、関西国際空港に就職して和歌山に移住するが、結婚を機に槇塚台に戻って来る。たくさんの友人に恵まれ、子ども会役員をする中で3年前に劇団を立ち上げ脚本・演出を務め自ら出演も楽しんでいる。羊毛フェルトが趣味で独学で制作し、フリマで販売もしている。

ノベーションと増築をしました。そのときに感じた疑問や住んでみてからの不満を解決できるのでは……と思ったのがきっかけで、リノベ暮らし学校に参加しました。

先生方の授業はそれぞれに奥が深く、ここに来なければ知らずに生きていただろうなということまで学ばせていただきました。中古物件の見学ツアーでは、今までと違う角度から家を見ている自分がいました。

昔の良さと今の良さを融合した素敵な住まい。そんな家をつくりたい気持ちになったリノベ暮らし学校でした。

海田さん

今回知り合い経由の縁があり、リノベーションという言葉に関心もあり受講しました。

各回リノベにまつわる取り組み、考え方、実例、プランなど専門の方々から幅広く知ることができました。

その中でも実際にリノベされたお家に行き見学、また住み手の方のお話を聞かせていただいたツアーではその方やご家族の

リノベ暮らし学校の様子。2016年6月25日から12月17日まで毎月1回、全7回で「住宅取得とお金の考え方」「コミュニティ・ビジネス　起業」といった実践的なテーマの座学と、実際にリノベーションがなされた住宅などをめぐる見学会が行われた。

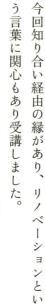

ライフスタイルや考え方、さらには生き方までをも間近で感じとることができたような、貴重な経験をさせていただきました。

中古住宅というマイナス的観点ではなく、古き良きを生かすというプラスの考え方から、実は古い建物ほど新築以上に幅広く、また原寸大の建物がある中から生まれる発想は限りなく面白く変幻自在で実用化されやすいということをこの学校を通して知ることができました。

またこのような機会があれば是非参加させていただきたいと思います。ありがとうございます。

海田洋子　槇塚台在住40代主婦。子どもは高校生、中学生、小学生の3名。結婚を機に泉北に居住。一度は堺市中区に引っ越すが、子育て環境の良さや住みやすさを実感し再び泉北に居住。

学生による空き家改修発表会

建築計画学
森さん

空き家改修発表会は、大阪市立大学大学院の授業「居住福祉環境設計」の地域発表会です。この授業では、新たな時代を切り拓く役割を担う大学院生が地域の中に入って居住者、専門職、行政担当者らとの意見交換を通して

森　一彦　プロフィールはP・46参照。

課題を分析し、新たな居住スタイルを提案する設計演習を行っています。地域発表会は最終の課題発表を公開して行うもので、2009年度から開始、2016年度で8回目を数えました。

これまで府営住宅の空き住戸の高齢者支援住宅への転用、戸建て住宅のシェアハウスへの転用の提案などを行い、それらの多くは実際に事業化され実現されました。2015年度と2016年度は泉北の自然豊かな住宅地の特徴を生かして、家で仕事をしながら子育てや豊かな生活を実現する職住一体の住宅への転用を提案しました。

長田さん

僕たちの班では、自転車店を営む住宅を提案しました。選りすぐりの自転車を販売したり簡単なメンテナンスをしたりと、自転車暮らしをサポートする拠点をつくることで、自然豊かな泉北ニュータウンの新しい楽しみ方を発信することができ、それがたくさんの方にこのまちのことを知ってもらうきっかけにもなりうるのではと考えました。

空き家改修発表会の様子。

長田壮介　大阪市立大学大学院修士課程在学中。小池研究室に所属しており、泉北ニュータウンには大学院の講義で本格的に関わるようになりました。

堺市南区役所での発表会では、地域住民の方々に提案の実現性について多くの質問をいただきました。学生の案であるにも関わらず真剣に考えてもらえていることを痛感し、改修にかかる費用やお店の運営の仕組みなどの現実的な部分を、泉北の数十年後の未来を踏まえた上でより具体的に提案することが大事だと思いました。

笠原さん

私は大阪市立大学大学院の授業で、泉北ニュータウンの空き家改修の課題に関わっています。

私のグループでは、人口や世帯数の減少とともに、地域の中に余る〝家具〟に着目し、暮らしの中の思い出や記憶を持つ家具を修理するという職の機能を今回の対象物件に持たせました。計画では、既存の座敷を生かした、時間帯によって使い方を変えられる空間を中心として、外から働いている姿を見て自然な会話が生まれるよう、道と建物の高さや距離を調整した作業場や、地域の方が留まることができる大きなキッチンの空間を設

長田さんの班が提案した「自転車店を営む住宅」模型写真。

笠原実季　大阪市立大学大学院修士課程在学中。大阪の長屋の再生や泉北の空き家のリノベーション設計に携わりながら、将来地元である長野で古くていいものを残しながら豊かな暮らしをデザインするため勉強中。

定し、職の機能を通して積極的に地域との関わりが生まれるよう考えました。地域発表会では、バリアフリーの対応はどうなっているか、30年後はどう住み継ぐのか、というご意見をいただき、自分たちの案を現実的に見直すことができました。

建築計画学
森さん

これらの一連の活動は、今までの高度成長期の大量生産の画一的な住宅供給の方法とは異なり、地域をその特徴や住民の多様性に配慮した住宅及び住宅地に再生する地域プロジェクトです。

この活動は、住み手と供給者という二者の関係でなく、近隣住民や医療福祉機関、事業所、行政などの参加による継続的な協議で成り立っており、それをもとにした調査・提案・実施・改善のプロセスが不可欠です。われわれはこれをインボルビング・デザインニングと呼んでいます。

公社茶山台団地「響きあうダンチ・ライフ」

公社
田中さん

私たち大阪府住宅供給公社は、泉ヶ丘駅前エリアにある茶山台団地（1971年建設）において「響きあうダンチ・ライフ」のコンセプトを掲げ、

3年前よりハードとソフトの両面から団地再生に向けて取り組んでいます。

ハード面の主なものとして、堺市や民間企業と連携して住戸リノベーション事業を実施しています。団地の空き家を講義形式の一般参加型DIYワークショップでリノベーションするという日本初の試みとなるプロジェクト「DIY R SCHOOL」や、隣り合う2戸の45㎡住戸の壁の一部を取り払い、広々とした90㎡住戸を生み出すリノベーション「ニコイチ」など、若年層へアピールできるデザイン性の高い住戸を供給しています。

また、ソフト面としては、団地滞在生活型コミュニティ支援事業「茶山台としょかん」が代表的ですね。コピーライターの東善仁さんが実際に団地に住み、集会所を拠点にして住民同士のゆるやかなつながりや、住民目線で魅力的な団地づくりのアイデアを生み出していくという取り組みです。自宅に眠る不用品を持ち寄る「茶山台0円マーケット」、地域の子育てボランティアと連携した「絵本のよみきかせ会」などが定期開催イベ

田中陽三 まちづくりの仕事がしたくて大阪府住宅供給公社に入社。泉ヶ丘の事務所での住宅管理業務などを経て、泉北ニュータウンの団地再生担当として丸3年。「DIY R SCHOOL」や「茶山台としょかん」のプランニングなど、「響きあうダンチ・ライフ」をコンセプトにした団地再生に取り組む傍ら、プライベートでは「泉北をつむぐまちとわたしプロジェクト」に参加し、公私で広い青空と豊かな緑に包まれる泉北エリアの魅力を楽しんでいる。

ントとして茶山台としょかんから生まれています。

　こうした取り組みを通じて、少しずつですが茶山台団地に活気が戻っているのを肌で感じています。団地の魅力を高めるためにもっともっといろんなことにチャレンジしていきたいですね。

ニコイチの住み心地

白石さん

大阪府住宅供給公社のリノベーション団地に実際に住んでいる白石です。45㎡の住居2部屋の壁を取り払って90㎡にした「ニコイチ」と呼ばれるタイプの住居で暮らしています。実は以前は主人の転勤で東京に住んでいました。「ニコイチ」の入居者募集に応募して泉北ニュータウンに移住しました。このゆとりのある部屋で夫と子どもと一緒に楽しく住んでいます。
　広い玄関土間があるので、そこにクリスマスツリーを飾った

白石千帆　大阪府住宅供給公社の2016年にリノベーションされた「ニコイチ」住居の居住者。団地の集会所を拠点とした世代を超えたコミュニティプレイス「茶山台としょかん」の運営にも積極的に携わり中。

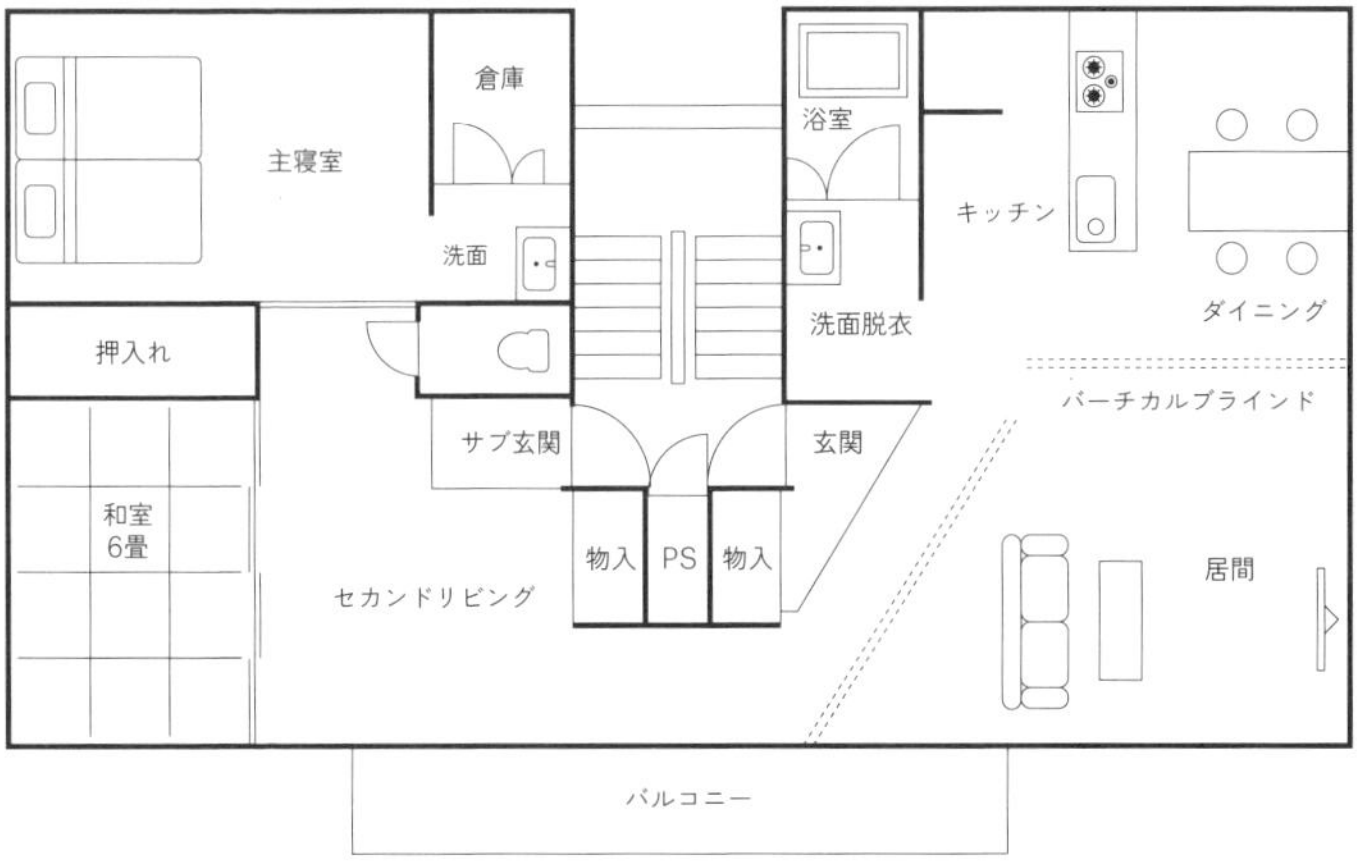

上／一般参加型DIYワークショップ「DIY R SCHOOL」でリノベーションした住戸。
下／茶山台団地の45㎡住戸2戸をつなげ、広々とした住戸にリノベーションした「ニコイチ」のプラン例。

り、子どもの作品を飾ったりしています。この間、家の外に広がる緑道を子どもと散歩しているとウグイスが鳴きました。ちょうど通りがかったおばあさんと「ウグイスが鳴いたね」と会話をしました。そういう話をできるのが、このまちの魅力だと思っています。

建築設計学
小池さん

空き家が増えることは、まちが寂れることにつながります。しかし空き家を新しい住み手の暮らし方に合うようにリノベーションしたり、住宅として使われなくなった空き家を異なる用途に転用したりすることで、空き家を使い続けることができます。さらに、そこに楽しみを見つけることができます。

例えば、槇塚台レストランのごはんが「おいしい」かどうかは、食べ物だけで決まるわけではありません。誰と食べたか、どんな器で食べたか、どんなときに食べたかによって、複合的に決まります。もし、地域での日々の暮らしが楽しくなれば、食事

小池志保子　プロフィールはP・98参照。

「ニコイチ」の室内。

がおいしくなり、食事が楽しくなれば日常が充実します。そこにはレストランとは食を提供するだけの場ではないという思いがあります。空き家をリノベーションする場合には、その建物を誰が使うのか、どんな風に使うのかについて、改めて考えることになります。住宅は単なる箱ではなく、使うための場であり、どのように利用するのかが大事です。

緑道下の家をはじめとする、泉北ニュータウンにおけるリノベーションの試みは、地域にある「空き」に新たな用途を持ち込んだり複合させたりすることにより、郊外住宅地の住むためという役割をもう少し多様なものにしようとしているのです。

白石さん宅にはクリスマスツリーが置ける広い玄関土間がある。

職住一体が実践する暮らし

２０１０年から大阪市立大学大学院の設計演習の指導担当として、また２０１５年からは泉北ニュータウン住宅リノベーション協議会のメンバーとして泉北ニュータウンに関わっている。当初は泉北ニュータウンの計画対象であった大阪府営住宅や近隣センター、隣接する緑道などを主に回っていたのだが、年を追うごとに対象エリアが公から私へ、つまり戸建て住宅が建ち並ぶ住宅地へと移っていった。

泉北ニュータウンの住宅地は「第一種低層住居専用地域」という、全部で12種類ある用途地域の中でももっとも厳しい規制がかけられた地域で主に成り立っている。規則正しい街区に程良い幅の道路が整備され、また住宅の建つ敷地はどこもゆとりのある広さを備えることで閑静な住環境となっている。

反面、その整備の具合と建物本体の境界線からの後退距離を定め、それらによる全体的なゆとりが道路とのあいだに「物理的な距離」をつくり出している。また、住宅専用地域であることから私のように「外部」の人間が訪れるとやはりどこかで「心理的な距離」を感じる。良質で閑静な住環境としてのまちのあり方を認めつつ、その一方で覚える二つの距離感から、ともすれば閉鎖的な印象を抱きもするのだった。しかしそんな住宅地であるが回数を重ねて訪れ、時間をかけて散策をするにつれて見る目の解像度が高くなってゆき、最初は感じ取れなかった事柄、この住宅地固有の魅力を発見していったのである。

例えば、まちびらきから半世紀を経た泉北ニュータウンの特徴の一つである、見事な木々に縁取られた緑道。それらに呼応するかのようにおのおのの住宅の庭でも樹木や植物が生育しており、さまざまな植生があることを知る(それらは本当に立派である)。あるいは、建ち並ぶ家々の表札の脇、門扉、あるいは庭先に掲げられた看板やサインの存在もこの住宅地固有の魅力の一つだ。それは家主の表札よりもひかえめな場合もあるし立派な場合もある。書かれている名称から推測すると、実に多種の「業種」がこの住宅地に存在することを知ったのである。

ところで先に述べた第一種低層住居専用地域は、その名の通り低層住居のための場所である。しかし「兼用住宅・[1]」とすることは一定の条件下で認められている。

このような、行政による政策とは異なる住民による自発的な活動、ある種の生活現象に関心を持った私は学生や泉北ニュータウン住宅リノベーション協議会の協力のもと、泉北ニュータウン内の三つの地区にある戸建て住宅の調査を行った。その結果4221戸の内、154戸（約3・6％の割合）に看板・サインの掲示が見られた。次にアンケート調査を進め、その中から協力に応じてくださった住民の方に直接インタビューを行うことができた。

住宅以外の用途に家を使うきっかけ、そして業態はさまざまである。

退職を機に両親の持ち家を引き継ぎ、ギャラリー・カフェを週5日程営業してときには展示会などを開く方。趣味の楽器演奏を近所の方が教わりたいという声をきっかけに敷地の一角に建物を増築して音楽教室を開き、時折演奏会も行う方。夫が仕事を在宅ワークに切り替えたことを機に泉北に移り住み、自宅でできる共働きの仕事として作家の手による食器類の販売を行う方。その他にもさまざまなきっかけと業態が見られ、実利か趣味を目的としているかなど、動機もそれぞれに異なっていた。しかしその中で、インタビューに応じてくださった方々から複数挙がった、「泉北を訪れ・知るきっかけとしたい」「地域コミュニティを強める役割となれば」という声がとても興味深かった。

泉北に限らず一般的なニュータウンは都市に対するベッドタウンとして開発されている。それは都市で「経済」や「交流」の活動を行いニュータウンで「住む」ことを意味する。しかし年月を経てニュータウンで育った子どもたちは独立しその親たちは定年をむかえた結果、高齢化率が高くなっていった。若い頃は可能であった旺盛な移動に支えられた活動は衰えていくことで生活領域は縮小していくがニュータウンの住宅地にはそもそも都市に備わっているような機能はない。人とともにまちも成長し、また年を取るのである。

人の生活にまつわる「機能」が場所の「用途」として効率的に分けられたことは、社会の円滑な成長を促進する効率的なシステムであったが、その一方で一部の大都市を除き人口の減少や年齢構成の偏りは日本全体の共通課題となっている。戦後の復興から高度経済成長期を過ぎて老成期をむかえつつある日本では、そういった社会のシステム自体を考え直す時期がきているのだということを誰もが感じているだろう。

住宅の一部を「住む」以外の用途に使い・開くことは、それまでの住宅地にはなかった「経済」や「交流」の機能を持たせること、あるいは場につくり変えることである。トップダウンではなくボトムアップによる、住居専用地域という均質な環境を不均質に変化させていく自発性。ニュータウンの住宅地で見られる「職住一体」という住まいの実践、そんなささやかな変化がそのヒントになるのではないかと今は考えている。

＊1　非住宅部分の床面積が、50㎡以下かつ建築物の延べ面積の2分の1未満のもの。またその店舗の業態も定められている。

木村　吉成

1973年和歌山県生まれ。建築家、一級建築士。大阪芸術大学芸術学部卒業。狩野忠正建築研究所を経て、2003年、松本尚子とともに木村松本建築設計事務所を設立。大阪市立大学および同大学院の非常勤講師として、主に学生に設計指導する立場から2010年より泉北ニュータウンに関わる。松本尚子、白須寛規とともに、学生中心に設計がなされた「高齢者支援住宅」「槇塚台レストラン」「緑道下の家」の設計取りまとめや「まちかどステーション」の設計などを担当。泉北ニュータウン住宅リノベーション協議会メンバー。

コラム⑤

泉北洒落帳

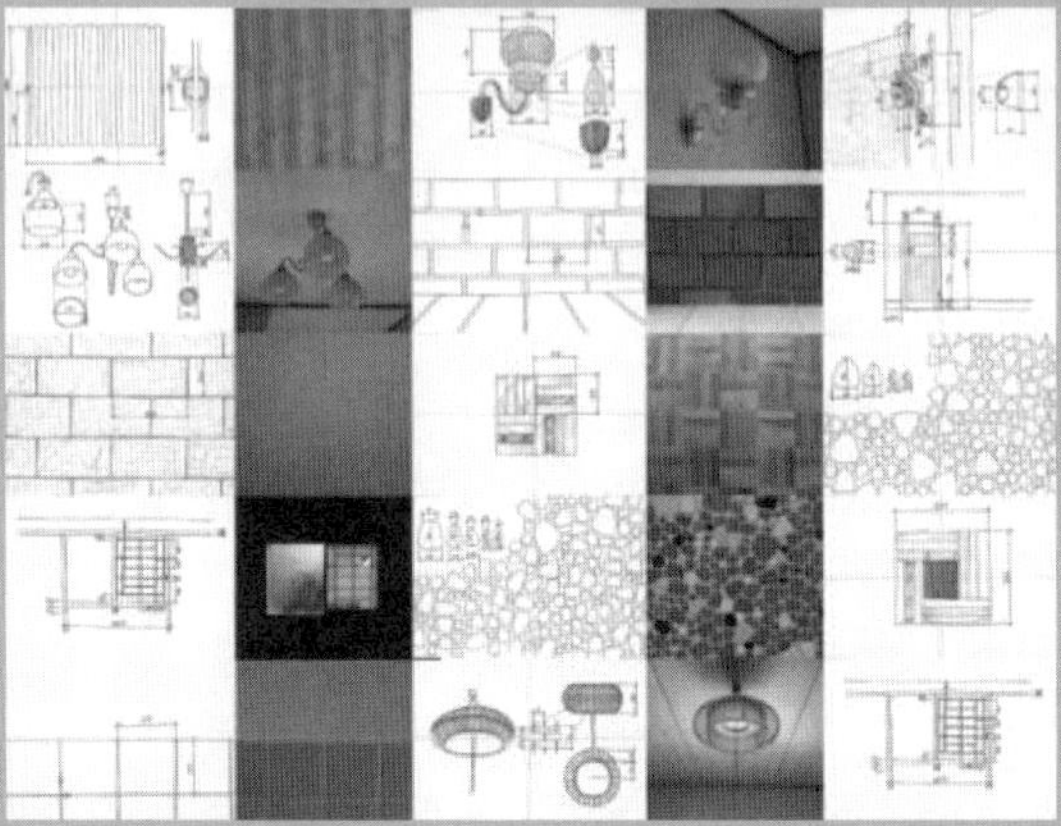

『泉北洒落帳』の一部。桑田和奈作。

ニュータウンに建つ家に、珍しさや懐かしさを感じる世代が育ってきています。泉北ほっとけないネットワークに関わる大阪市立大学大学院生の桑田和奈さんが、空き家のディテールを採取して、『泉北洒落帳』をつくりました。シェアハウスに転用された「緑道下の家」は1975年の建築で、築40年程です。歴史的な建物、伝統的な住宅というには新しすぎますが、新しい住宅というには古くなっています。しかし細部に注目すると、アコーディオンカーテン、玉石タイル、寄せ木のフローリングなどなど、多くの人が自分の家にもあった！　あるいはあるよ！　と言いたくなるものが見つかりました。

（小池志保子）

第六章

役割ができた

——ニュータウンに、自分の仕事をつくる

外で稼ぎ、地域で消費するモデルが限界を来す今、地域の中で事業や公共サービスを回すことが求められています。泉北ニュータウンではシニアや子育て世代が自ら活躍の場を見つけ、人が住まなくなった空き家、不要になった家具や食器に新たな役割を生み出しながら、地域のつながりを生かしてまちを運営する仕組みを育んでいます。

ニュータウンに、自分の仕事をつくる

椅子リペア

槙塚台レストランにある椅子は、地域で不要になったものを地元の木工サークルの方の協力で丁寧にリペアした。

自宅の一角にお店を構える

泉北在住の40代男性が自宅の一角に構えたカスタムオーダーの靴とシャツなどのお店。人との会話を大切にしながらひとつひとつの商品を丁寧に仕上げている。

お弁当の親子配達

槇塚台在住の親子が高齢者宅へとお弁当を配達。子どもとの会話は高齢者にとって日々の楽しみの一つになっており、見守りの効果も生まれている。

菜園の管理

緑道下の家の菜園は、地域の畑仕事の好きなシニアが管理している。

体操の講座を開く

住人の健康維持に貢献できないかと考え、槇塚台在住のシニア自らロコモ体操の講座を立ち上げる。

ロコモ講座ができた！

明石さん

大阪市立大学が主催する「健康づくりサポーター」養成プログラムを受けました。その修了課題で「槇塚台で求められている支援は？　地域活動として企画し、具現化しなさい」というお題に取り組みました。

一緒に課題をやったグループのメンバーは中谷さん、伊藤さんと私の3人。私以外のお2人は若くて福祉の達人、私は傘寿で一人閑しており、朝夕犬の散歩が仕事。緑道でお会いする槇塚台移住第一世代の方々とのご挨拶は決まって「今日は整形？」「今日は整骨院！」というものです。

「これだ」とひらめきました。腰痛・膝痛・股関節痛などの予防、かかってもケアし、いつまでも自分の足で歩きたい、これがみんなの願いに違いない！　自治会はすでに、槇塚エン

明石淳子　槇塚台在住。「健康づくりサポーター」養成プログラムを受講し、自ら健康体操の講座を立ち上げたアクティブシニア。

ジョイウォーク、チューブ体操などの運動ができる機会を提供しています。槇塚台校区福祉委員会副委員長の桑原さんに相談に乗ってもらい、チューブ体操を体験させてもらいました。私にはちょっときつい。そこで講座の隙間をねらい、要支援・要介護でない高齢者が参加できるような、チューブよりも少しゆるやかな運動を行うことにしました。

求められているのは、健康寿命を延ばすということ。これには運動と栄養が大切。この両者を包含できそうな名前が必要だと考えて、ロコモをキーワードにしました。ロコモとは、関節の痛みや筋力低下、柔軟性の低下など加齢などにより生じる運動器の障害を指す用語「ロコモティブ」の略。体操の講師を高井逸史先生にお願いすることにして、先生には自分たちのニーズを伝え、講座のネーミングからプログラムまで考えていただきました。さらに、堺市に「地域出前型げんきあっぷ教室」の運動指導員の派遣を依頼し体力測定とそれに見合った体操を組み入れました。

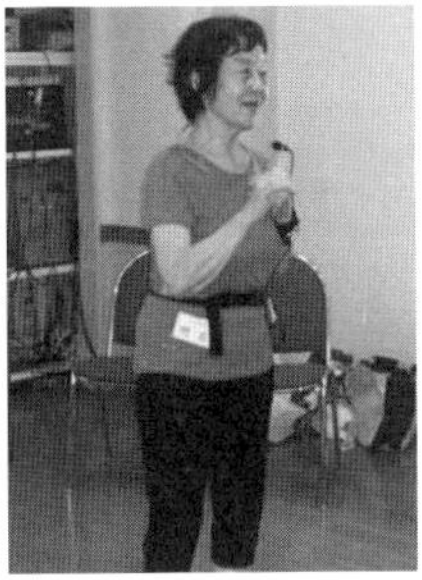

ロコモ講座での明石さん。「ロコモ講座」は地域住民が主体となって運営する健康講座で2014年4月スタート。大阪市立大学が主催する「健康づくりサポーター」養成プログラムをきっかけに誕生。講座に参加した住民が発起人となり、民生委員、福祉委員がサポート。

さらに大阪市立大学の春木先生に教えてもらった高齢者の食事、強い骨・筋肉をつくるための栄養素とその献立といった基本、時岡さん（管理栄養士）に教えてもらった時短料理・簡単料理・ポリ袋の簡単真空調理など、調理が面倒・億劫な高齢者に味方の「ロコモごはん」も講座の中で紹介しています。

私たちのオーダーメイドプログラムを完成させ、参加者を募集したところ、キャンセル待ちが出る始末、ヤッタ!!

参加者全員が私たちがまとめた「実践！ ロコモティブシンドローム第2版」を輪読、問題意識を共有し運営にあたっています。来年も続けてほしいと声を挙げる参加者や、当然続くと思っている方々の後押しもあり、来年度も継続していきたいと思っています。

地域のリーダーがみんなの健康を牽引

リハビリ
高井さん

発起人代表の明石さんから食・健康講座の名称について相談があり、検討した結果、「ロコモティブシンドローム予防講座（略称ロコモ講座）」という名称に決まりました。

発起人の中谷さん、伊藤さん、桑原さんらと地域会館の空き状況などを考慮し、第1、第4木曜日の月2回、うち1回は自主訓練としました。時間は午後1時30分から3時まで1時間30分。私の方から具体的に講座の運動メニューをいくつか提案し、数回にわたり協議を重ねながらテーマや運動内容を決めていきました。明石さんは「ロコモティブ予防体操」に関する書籍を熱心に購入され、これも運動メニューの考案の一助となりました。講座の目標として「要介護にならない運動と食事で健康寿命を延ばす」ことが掲げられました。

「ロコモ講座」の特徴は、3種類のボールを運動内容に応じて使うことにあります。小さなイボイボがついたゴムボール（通称イボイボ）、硬式テニスボール、そしてゴルフボールです。こうしたボールの選択や購入に関しても、明石さんは得意のインターネットを駆使し、少しでも安く入手するため情報を集めていました。明石さんのフットワークと貪欲さには頭が下がります。

高井逸史　プロフィールはP・61。

明石さんが参考にした本の数々。

私自身この講座を通じ、たいへん多くのことを教えられました。明石さんは毎週火曜日に健康相談のため私が槇塚台レストランにいることを知っており、ロコモ講座の翌週に来られては「前回の○○体操は心地良かった」「参加者全員で使う道具などは使った後、消毒した方がいいのでは？」などいろいろと助言・アドバイスをいただいています。住民主体の健康づくり活動に私たち専門家が関わりサポートする、これこそが「地域包括ケア」のあるべき姿であると思います。

食・健康リーダー誕生

栄養学
岡さん

私は大阪市立大学の大学院で、春木敏先生の研究室のメンバーの1人として、槇塚台の高齢者に対する食生活支援プログラムの実施に関わってきました。この取り組みを通じて、地域の高齢者の食生活および心身の健康状態の改善、地域住民の交流が図られてきました。これを持続可

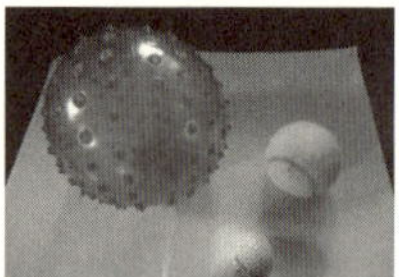
各種ボール。イボイボを使うと足腰の筋力を鍛える運動が、テニスボールでは立った姿勢でボールの上に片足を乗せ円を描くように転がす運動ができ、ゴルフボールでは腰や背中などの手が届きにくい箇所に置いて少し圧を加えるとマッサージの効果が得られる。

岡（小橋）麻衣　当時、大阪市立大学大学院生活科学研究科 食・健康科学講座前期博士課程院生。

能な地域活動へと移行していくにあたっては、地域住民自身が主体的に活動に取り組むことが望まれます。

そこで私たちは、住民主体の介護予防に取り組むことのできる人材育成を目指し、地域住民を対象とした「健康づくりサポーター」養成プログラムを企画・実施し、地域在住高齢者の心身の健康増進を図るとともに地域活動の担い手育成ならびに活動支援に取り組みました。

まず、介護予防のための食生活・運動指導・地域づくりに関する講義や演習、介護予防教室の見学、グループ単位での健康づくり活動の計画立案に取り組みました。リーダー養成講座の後、計画した地域活動を実施し、相互に意見交換をしました。新たに誕生した食・健康講座の企画・運営・評価を行ったところ、講座参加者より「定期的に開催したい」「もっと多くの住民に広めたい」という声が挙がり、継続が決定。先に紹介されたロコモ講座として通年で開催する講座の立ち上げに至るという成果を得、うれしい限りです。新規に発足した食・健康講座

リーダー養成講座の様子。

「食・健康グループ」により実施された食・健康講座。

がどのような活動を見せてくれるか期待でいっぱいです。

レストランを地域で動かそう

栄養学
早見さん

レストランを運営するにあたり、欠かせないのが地域の方を中心とするレストランスタッフの育成です。他の地域の事例では、地域レストランをしたいという思いを持った地元住民の方がコアスタッフとなり、場所を探し、人を探し、運営をします。その活動に賛同する方たちがボランティアとして支援するという形が多いようです。槇塚台レストランの場合は、地域レストランという「場所」がつくられることを前提にプロジェクトがはじまりました。

栄養学
田中さん

レストランをはじめるにあたっては、スタッフ育成が大きな課題でした。一般的に全国で運営されている地域レストランは住民の主体的な活動によるものですが、

早見直美　プロフィールはP・53。

田中都子　当時、大阪市立大学大学院生活科学研究科 食・健康科学講座修士課程に在籍。

槇塚台では私たち大学の研究室が中心となってスタッフ探しからはじめ、育成しています。

スタッフは地元ＮＰＯ法人「槇塚台助け合いネットワーク」から募集された、60代の男性1名、30〜70代までの女性８名です。みなさん、槇塚台在住です。

スタッフはどなたも調理業務初心者です。まず、安全で新鮮な地元野菜をたっぷり使った一汁三菜のヘルシーメニューを提供できるようにすることが必要と当研究室は考えました。私たちも管理栄養士の橋本さんの支援のもと、現地で調理技術、衛生管理指導を行いました。私自身もあっという間の1ヶ月でしたが、スタッフはなんと、時間内に弁当１００食分をつくれるようになりました。

２０１１年5月15日、弁当販売と配食サービスからスタートし、定期的にスタッフミーティングを持ちながら、調理業務に加え新メニューの開発、利用者アンケートデータなどについて話し合いを続けました。当初は利用者から「味が薄い！」な

スタッフ育成の様子。

ど、厳しい声をもらいつつも、分量の調整、調理法の工夫など意見交換をしながら「おいしい、たのしい、ヘルシー」のポリシーは崩さないよう研究室ではレシピ提供などの支援をしました。

私が週1日現地を訪れる日はスタッフの一員となりました。弁当販売業務などを手伝いつつ、利用者と「今日の弁当は旬の鮭を使っているよ」などたわいのない会話をすることが楽しかったことから、地域の方たちとの交流を通してスタッフ自身も成長し、やりがいをもって働くことができると考えました。日を追って弁当は「薄味であるがおいしい」と好評を得、スタッフも少しずつ自信を持ちはじめ、利用者目線で考える余裕もできました。近隣住民のみなさまから寄付いただいた食器の選定など、できることは自分たちで準備しようと、より良いレストラン運営を目指し、前向きになりました。当初は研究室メンバーが作成していた日替わり献立も、次第にスタッフで取り組みました。槇塚台レストランはスタッフの笑顔のそろう地域活動のコアとなるよう稼働しはじめました。

栄養学
早見さん

レストランスタッフは、プロジェクトが開始して少し後に西野会長（→P・245）が中心となり、有償ボランティアを募りました。つまり、経営母体は地元NPO法人すまいるセンターが担い、泉北ほっとけないネットワークがレストランをつくり、地域スタッフが調理、接客などの実質的な活動を行うという形を取る、新たな事例といえるでしょう。

レストランオープン時のスタッフは幅広い年齢層で構成され、その参加動機もさまざまでした。月日が流れ、レストラン運営の担い手は徐々に若い子育て世代の方も増えてきています。お子さんが小学校へ進学すると、少し時間に余裕ができ、パート就労への意欲が出てくる頃です。短い時間であっても仕事ができるというのは、子育て世代のニーズに合っているようです。特に家から近いという立地は魅力的で、何かあったときにもすぐに行き来ができるので、お子さんにとっても安心です。お子さんが学校帰りにレストランに寄って、宿題をすることもあるようです。あくまで有償ボランティアのため、通常のパート就労と比べると収入は多くありませんが、パート先への移動時間や交通費、お子さんの顔が見える距離で仕事ができるというこ

子育て世代、子育て終了世代を中心とする、レストランスタッフたち。

とは地域レストランで働く大きなメリットのようです。

パートとしてはじめるレストランスタッフですが、調理や接客に慣れてくると徐々に地域貢献への気持ちも芽生えてきます。地域の方との交流を通して、お客さんへの自発的な声かけ、イベントへの関わり、友人への声かけなど、地域レストランスタッフとしてのやりがいも感じられています。高齢者向けのレストランというイメージが先行していますが、目指すのはやはり地域のみんなの食卓です。子育て世代のスタッフが増えてきたことで利用者層が広がり、若い世代や子どもたちとの新たな関わりが増えてきています。地域の方に愛されるみんなの食卓へ向けて、今後が楽しみです。

吉村さん

２０１３年の5月から槇塚台レストランで週3日調理スタッフとして働いています。他の仕事もしていますが、知り合いの紹介で家の近くで働けるのでやってみることにしました。子どもが帰る時間には終われるのが助かりま

吉村京子　槇塚台在住で、小学生の子どもがいる。

す。少し遅くなるときは子どもにレストランに寄ってもらうので、かぎっ子にせずにすんでいます。

食に関わる仕事につくのは初めてなので、食に対する意識がずいぶん変わったと思います。利用者は高齢の方が多いので、味付けもですが、食材の固さや大きさなど、少しは気を配れるようになりました。とはいっても、スチームコンベクションを使った調理が多く、鍋で調理するのとは勝手が違ってまだまだ難しいです。

定期的に利用している高齢者の方が来なかったりすると、「先週はどうしたの？」と声をかけるようにもなりました。（若い世代のスタッフを通じて）小学生のお母さんがレストランを知ってくれて参観などの後に寄ってくれるようになりました。私自身もスタッフになるまで知らなかったですし、高齢者の方が中心なので、もっと若い世代にも利用してもらえるようにイベントも考えたいです。

子どもと働くレストラン

栄養学
時岡さん

2013年より調理スタッフとして関わりながらスタッフの支援を行っています。子育てをしながら仕事をする上で、「体調不良時の急な休み」「夏休みなどの長期休暇の環境整備」「宿題や習い事のフォロー」など壁と感じるものは多いものです。槇塚台レストランでは現在スタッフが地域の「子育て世代」と「子育て終了世代」であり、自然と子育てしやすい環境が整っています。スタッフの子どもたちはレストランで宿題をしたり、習い事までの時間を前の公園で遊んだりして、働いている親に近い場所で過ごしています。

私自身も調理スタッフをしていますので、夏休みなどは小学生の子どもを連れて行きます。時に閉塞感まで感じる核家族の子育てですが、子どもを見ながら「子育て終了世代」のスタッフと話をするうちに視野が広がり、子育てにゆとりが生まれた

時岡奈穂子　大阪市立大学大学院生活科学研究科修士課程に社会人マスターとして在籍。管理栄養士として地域の高齢者の食をサポートしてきた。

ように感じます。また、子どもたちも親の働く姿を見たり、レストラン利用客も含めいろいろな大人と接したり、手伝いをしたりすることで「働くこと」を肌で感じているようです。通ううちに甘えが少なくなり、自主性が育ったと感じています。働く母親は時間と効率に追われがちですが、いろいろな関わりの中で子どもの成長を身近に感じながら笑顔でいられる、地域の子育ての場になっています。

お弁当の親子配達

金丸さん

金丸富三恵　槇塚台在住6年目、長男（7歳）、次男（5歳）、長女（3歳）の三児の母。

娘と一緒にお弁当の配達を２０１３年７月から２０１４年10月にかけて１年と３ヶ月間させていただきました。１人暮らしの高齢男性Ａさん宅にお弁当を配達していました。Ａさんはいつも娘と会うのを大変楽しみにしており、お弁当を届けに行くと真っ先に娘の方に近寄り「彩春《いろは》ちゃん」と娘の名前を呼びながら頭をなでてくれます。また、娘のためにお菓子などを用意してくれる方もいらっしゃいました。以前に配達時にたまたま、Aさんのご家族とお会いし「うちのお父さん、彩春ちゃんに会うとその日はすごく元気な様子で、私たちに彩春ちゃんのことをよく話してくれます」と聞き、Aさんにとって娘と接することは、ちょっとした日々の生きがいになっていたと思います。ある配達先の高齢ご夫婦の場合、家でできた旬の野菜を分けてくださったり、畑でつくっているブルーベリーが食べ頃になったころ、わざわざ娘に収穫の体験をさせていただきました。配達先の中には、「お弁当、玄関に置いといて」と私たちの関わりを避けるかのように、そっけなく受け答えする方もいます。でも一言でも言葉を交わすことで、今日もお元気に過ごされていることが確認でき、直接お弁当を届けることで安否確認にも役立っていると思います。

家庭で使っていない家具や食器にも役割を

建築設計
松本さん

ところで第一章でも触れましたが、実はレストランの椅子や食器は、槇塚台の家庭から集めたものを活用しています。「人」のみならず「もの」も役割をつくればまだまだ働けるのです。その活用の経緯や方法を、当事者として関わったみなさんに紹介してもらいます。

高橋さん

槇塚台レストランを地域になじんだ場所にするために、木の内装と合う木製の椅子を地域で集めることにしました。「捨てるのがもったいなくて家に置いてあったものが、地域のために使われるのはうれしい」などと主にご高齢の方が協力してくださり、その結果「まだ使ってほしい！」と言わんばかりのしっかりとした椅子が次々と集まりました。

椅子のリペアは、地元の木工サークル「創《そう》の会」に協力いただきました。木工サークルの方たちとの作業は、持ち帰った椅

松本尚子　プロフィールはP・49。

高橋（松村）茉莉　大阪市立大学・大阪市立大学大学院在学中の2010～14年にかけて、槇塚台レストランの設計、イベント企画・運営など、総合的なプロデュースに関わる。

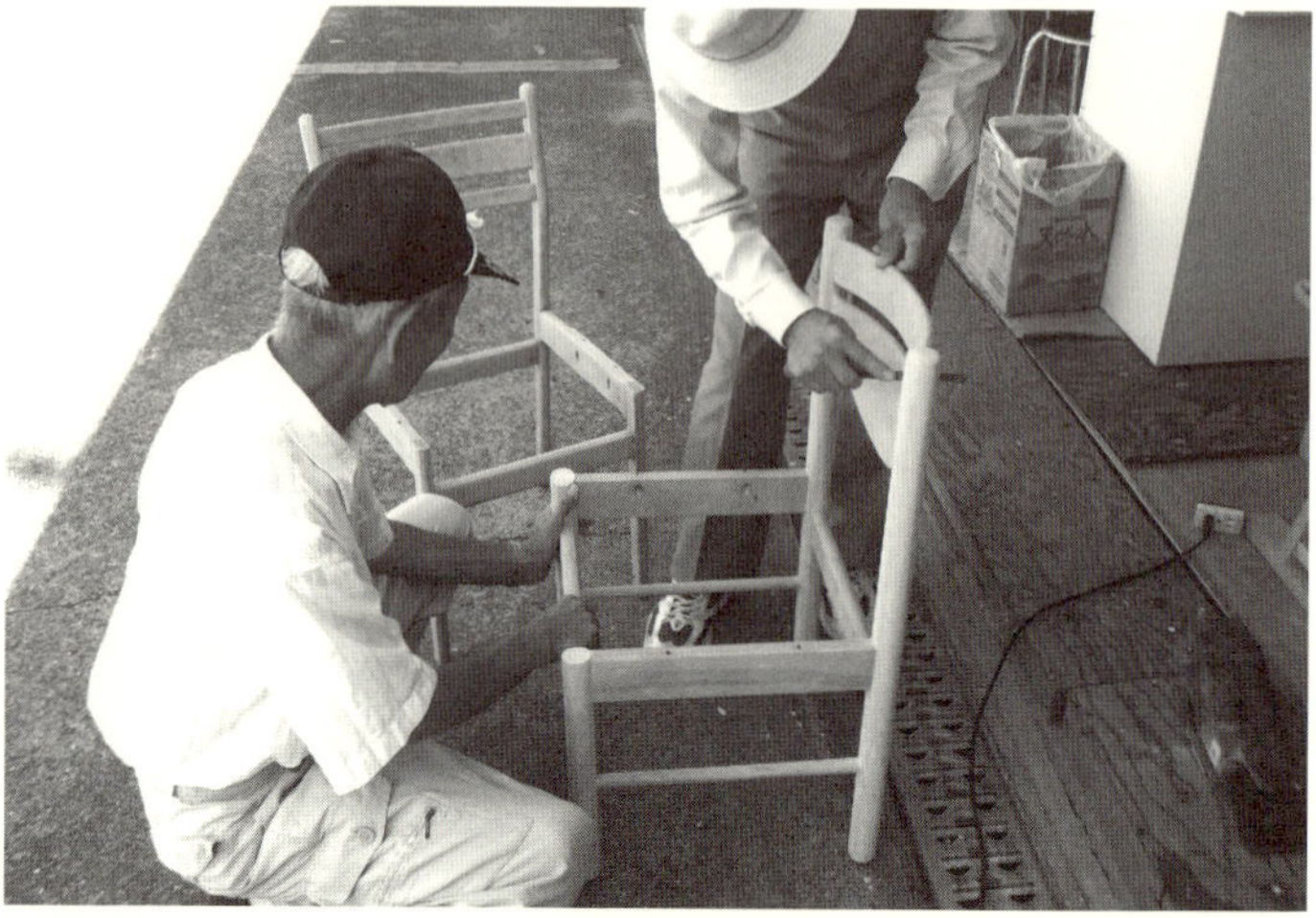

子のリペアの仕方を相談するところからはじまりました。塗料の削り落とし、ワックスの塗り込み、座面の張り替えなど、自力でできる範囲を定め、1脚1脚色や形の違う椅子を手作業でアレンジしていきます。木工サークルオリジナルの椅子も2脚つくってもらい、木のぬくもりを感じる椅子が完成しました。レストランに椅子が並べられたとき、創の会のみなさんの顔はとても誇らしげで、レストランがオープンした後も「自分がつくった椅子」を見に何度も足を運んでくださいました。また、通りがかりの方にも椅子のリペアを頼まれるなど、新たな活動へとつながりが生まれたそうです。

生きた人の手によって、地域性あふれる「なじみのデザイン」が生まれていく——こうした経験を通じて、地域の個性とは、「暮らす人」にあると感じました。自分の暮らしと直結するところに、「好きなこと」を通して活躍できる環境がある、それを誰かと共有できることは、自身の役割を実感できる一つの手段なのではないでしょうか。

集められた椅子と、それらをチェックする創の会メンバー。

補修後の椅子。

建築設計
松本さん

槇塚台レストランでは、食器も家庭から集めたものを活用しています。それでは第二の人生を過ごしている、茶わんの声も聞いてみましょう。

茶わんさん

ぼくは引き出物として7年前に中村さんちにやってきた茶わんです。ざんねんなことにぼくの出番はなかなかなく箱の中でじっとしていたのですが最近大きなできごとがおこったのです。ある日ぼくはどこかに運ばれて行きました。外に出てみると、そこにはたくさんの茶わんさんやお皿さんやコップさんたちが。ぼくらはどうやらレストランというところにきたようです。毎日やってくるおじいちゃんやいつも火曜日にくるにぎやかなおばさんたち、小さい子をつれたおかあさんなんかが入れかわりやってくるので、おうちでは家族が少なくなって出番がへっていったお皿さんや、ぼくみたいに出番がなかったコップさんなんかもみんなフル回転でおおいそがし

茶わん　7歳。レストランの食器ではまだまだ若手。

です。たまにおうちの人と会ったりもして、ここには大きな家族がいるみたいだなって思ったりもします。お盆にのるメンバーはいつもちがってなんだか楽しいし、なにより食器としてはおいしそうな顔をみられる毎日はさいこうだなって思うんです。

泉北ニュータウンで実践する、職住一体の暮らし

建築設計学
小池さん

ここまでは「職」を幅広く捉え、地域の人々や場所、ものに新たに与えられたさまざまな役割を見てきました。それでは寝に帰る場所としてつくられたニュータウンを、働く場所に変えることはできるのでしょうか。泉北ニュータウンには、すでに職住一体の暮らしを実践している方もいます。先日、3名の実践者にお話をうかがってきました。槇塚台のご自宅でパン教室「Tanto Confiture」をされている小川さん、高倉台の自宅・敷地内で靴やシャツなどのオーダーメイド

小池志保子 プロフィールはP・98。

ショップ「ｉｗｔ」を営む岩藤さんと、自宅の一角をリノベーションして菓子工房を開いた山口さんです。

小川さん

パン教室のコースは初級・中級・上級・フリーコースの４コースです。コースごとに１ヶ月に１回くらいのペースで、朝から昼過ぎまで教室をやっています。習いに来られている方は、ご近所の方など、同世代の方が多いです。現在は40人を超える生徒さんが受講してくれています。

自宅で教室をするということで、いろいろと大変なこともありますが、楽しいということがモチベーションになっています！　旦那さんの理解や協力もあり、気持ち良く運営できているのです。自宅の庭でパンを出す「おうちショップ」を企画したこともあります。

小川依子　パン・お菓子作家。槇塚台の自宅の一角でパン教室Tanto Confiture（タント・コンフィチュール）を開講する。3児の母。

小川さんがご自宅の庭で開催したパンマルシェの様子。

住宅街にオーダーメイドショップを開くという挑戦

岩藤さん

当時、大通りにも面していない住宅街でオーダーメイドショップをするというチャレンジを考え、何人かの知り合いや友人に相談してみたところ、見事に全員に「失敗するからやめておけ」と言われました。でも、みんなが反対するのは、前例がないから！　だったらこれはチャンスだ、絶対にやろう！　と考えました。開店から1年間は売上0円でも続けるということを心に決めてはじめました。

今では大阪市内や和歌山、四国、中国地方などから、場所を問わず多くのお客さんが来られています。大切なのは場所より内容です。安易に売ることは絶対しません。決して安くはないオーダーメイドでなぜ服や靴を仕立てたいのか、お客様の考えを聞き、自分の考えを伝え、双方、納得した上で買っていただく。その中でお互いの信頼関係を築いていくことを何よりも大切にしています。

岩藤邦生　ｉｗｔ代表（プロフィッター、デザイナー）。12年間有名百貨店にて婦人服を販売し、その間に学んだ豊富な商品知識をもとに2011年独立。高倉台の自宅敷地内にオーダーメイドショップ兼工房を開業。泉北特有の豊かな自然に囲まれた緑道や公園を美しく使いこなせるような企画「LOTUS Café」の代表も務める。

毎朝6時に起きて、小学生の娘と一緒に緑道ランニングしています。緑道はいいですよね。閑静な住宅地で緑道のような自然も豊か。泉北は本当に恵まれた環境だと思うので、自分たちの力でもっと魅力的なまちにしていきたいと思っています。このまちには何の魅力もないからダメだとか言っていても何もはじまらない。これからの時代は、僕たち市民が行政と連携しながらまちの魅力をひとつひとつ確実につくっていく、そういう考え方や取り組みが何よりも重要だと思います。

住宅地のど真ん中に色んなお店がある、散歩の途中で立ち寄れて、センスの良いものやおいしいものに触れられる。それってすごく魅力的なことだと思います。そういう人たちが出てきてくれるように、これからも頑張っていきたいですね。

iwtではオーダーを受けるだけでなく、店舗にミシンなどを置いて靴や鞄、スーツなどの試作をして商品開発もしている。
http://iwt-sakai.jp/

自宅をリノベーションし、菓子工房に

山口さん

泉北ニュータウンの自宅に菓子工房が完成しました！ すでに保健所から製造許可もいただいております。キッチンの横に工房なんて！ 夢のようです。地元の自然のめぐみいっぱいのお菓子を販売するために、何度も、試作を繰り返しております。現在、地域のイベントなどで販売しており、今後は上神谷米シフォンや、パウンドケーキ、クッキーなど、こだわりの食材でつくる焼き菓子の注文を開始したいと思っています。

山口香代子 食育のコンサルタント「いただきますプランニング」代表。2016年、自宅の一角をリノベーションして菓子工房を開設。

山口さん作、上神谷米シフォン。

緑豊かなニュータウンの公園や緑道を楽しむ

建築設計学
小池さん

仕事をするだけではなく、公園や緑道などまちの魅力を使って、ピクニックを企画する方も出

てきました。三井さんはあるプロジェクトに参加し、そこから泉北ニュータウンにある公園や緑道などの魅力に改めて気が付いたそうです。

三井さん

私は泉北ニュータウンの出身で、子どもの頃から社会人になるまでここで過ごしてきました。10代、20代の頃は環境はとてもいいのだけれども楽しいことが何もない泉北ニュータウンがとても嫌で、休みの日には新しいこと、楽しいことを求めて大阪市内に出かけて行く日々を過ごしていました。

　そんな中、堺市が主催する泉北ニュータウン魅力発信事業の「泉北をつむぐまちとわたしプロジェクト」に参加したことをきっかけに泉北の魅力に改めて気付き、地元の公園や緑道をもっと楽しみたいと「緑道ピクニック」を同年代のメンバーと企画しました。まずは自分たちがやりたいこと、楽しむことを目的に、緑道のランニング、公園でのヨガ、いろいろなワークショップやカフェの出店などを企画し、小規模ですが毎回たく

三井智子　泉北ニュータウン出身。会社員。2014年より泉北地域の魅力を生み出し、地域内外に発信していく「泉北をつむぐまちとわたしプロジェクト」に参加。

さんの方に来ていただき楽しい時間を過ごしています。

この「緑道ピクニック」を通して、近所の人たちとのつながりができたり、休日に泉北で過ごすことが増えたりと、泉北での楽しみが増え、今では泉北ニュータウンが住み続けたいまちに変わってきました。これからも自分たちのペースで楽しみながら地元の公園や緑道を使って、少しでも泉北を盛り上げていけたらと思います。

「緑道ピクニック」の活動で、公園でのヨガなどを開催。

自治会への参加者を増やす工夫

西野さん

槇塚台校区自治連合会会長の西野です。私は大阪市内に育ち、槇塚台には１９７５年に引っ越してきました。当時は土地の抽選の倍率が15倍くらいで、広い土地を選ぶと倍率が低くて当たりやすいと考え、今の家に決まりました。仕事では新規事業の開発を担当しており、定年直前の仕事は加西市にあるオーセントゴルフクラブの立ち上げ

西野健造　82歳。槇塚台校区自治連合会会長。堺市校区福祉委員会連合協議会副会長。全日本ジュニアの3位になるほどのテニスの腕前。学生時代は毎日、和歌浦海岸を2時間走ったそうです。

でした。68歳でリタイアし、それまでは、自治会活動には参加したことがなかったです。しかし、２００３年から槇塚台校区自治連合会会長をし、現在12年目。

２００６年に堺市が政令指定都市になったのをきっかけに、槇塚台校区自治連合会では地域の活性化策を出しました。この提案は、次の三つの提案を柱にしていました。①空き家対策。②医療費の高騰を防ぐために、空き地でのラジオ体操の復活および指導員の養成を行う。③自らもボランティア活動する団体としてＮＰＯ法人を立ち上げる。

この提案が泉北ほっとけないネットワークを立ち上げるきっかけになっています。そして、③の団体がＮＰＯ法人槇塚台助け合いネットワークとして実現しました。現在では、子どもの安全見守りや施設管理、駐車場管理などのボランティアが35名ほど活躍しています。居酒屋まっきーについても、ＮＰＯ法人槇塚台助け合いネットワークのメンバーによるボランティアで運営されており、まっきーから徒歩3分の団地に住む方が活躍しています。この方はご近所のため、帰宅が深夜になっても安心です。

後進の育成にも取り組みたいと思っています。居酒屋ができたことで、こんな人がこのまちに住んでいたのか、と思うような若い方に出会えるようになりました。まず、自治会の会合の開始時刻を遅くしました。夜の8時に開始とすると、仕事が終わって、6時半に難波を出ても間に合います。それに、少し遅刻しても会合の後に居酒屋で飲むので、聞き逃した大事な情報をそこで聞くことができます。こうして、会合への出席率が上がりました。

槇塚台が他のニュータウンと違うところとしては、自治会加入率が98%であることです。このための工夫としては、毎回の会合で欠かさず点呼を取る、高齢の場合は役員を免除する、退会しても戸建て住宅の住人からは街灯代をもらうというルールがあります。新しい住人には、班長さんが声をかけます。先日は、槇塚台校区内の高層団地に住む住人による高層階からの脱出避難訓練が住人からの自発的な提案により実現しました。とてもうれしい出来事でした。これからも、高齢者に住みやすいまち、子育てのしやすいまちを理想としていきたいと思います。

今、人や施設の役割を問い直す意味

20世紀は都市化の時代であった。地方の農山村から都市に多くの人々が役割を求めて移動してきた。結果として、数百万から数千万の人々が住む大都市ができ上がった。これは役割の分化の時代でもあった。都市化は、施設化と専門職化を進めた。例えば、市役所や銀行、企業などのオフィス業務施設、学校や図書館、美術館、病院、福祉施設などのパブリック施設、百貨店やスーパーマーケットや娯楽施設のような商業施設など、いろいろな施設がつくられた。そこでは事務職、弁護士、会計士、建築士、教師、医師、看護師、理学療法士、栄養士、介護士などさまざまな専門職や専門的な技能者が働くしくみ、いわゆる都市システムができ上がった。都市では、目が覚めるような驚きや興味のわく空間や出来事が出現し、高度な技術の発展や生産性の向上も図られ、一見、豊かで幸せな社会が実現されたかのように思われた。

しかし、実はそうではないことが最近わかってきた。特にわが国では21世紀に入ってから、都市に移り住んだ人々が高齢者になることで高齢化が急速に進行し、さまざまな場面で、今まで築いてきた都市システムの課題に直面するようになった。そして、みんなが改めて「役割」の大切さを思い、問い直さなければならない状況になってきた。

戦後から70年を経て、わが国は世界に例を見ない超高齢化社会を迎え、新しい仕組みづくりが求められている。今後10年間で、戦後のベビーブーマーの世代約680万人（1947年〜49年生まれ）が後期高齢者になるのと歩調を合わせ、いわゆる「高齢化の最後の急な登り坂」になる。その間に、介護医療費の増大や医療福祉施設およびそれに携わる人材の不足など、社会問題が先鋭化する可能性がある。これは逆の見方をすれば、新しい雇用と事業の出現を意味する。2000年に制度化された介護保険制度によって、すでに年間8兆円、300万人以上の看護関係雇用が生まれている。

しかし国の財政事情や福祉施設整備の抑制施策などから推察すると、今後は地域の中に新しい事業モデルが出てこなければ成り立ち得ない現実がある。従来の行政による特定目的型の施設整備手法から、地域ニーズに即して地域の人的・物的資源を有効活用するコミュニティ型の事業手法への転換が求められているのである。2020年に3割が高齢者となるが、介護を必要とする人は約1割であり、約8割は元気な高齢者だといわれている。こうした地域の人的・物的資源をどう生かせるかで、地域のあり様も変わってくる。

また、今まで住宅や学校、病院など建物の多くは「公（公共）」と「民（民間）」の主導で建設されてきたが、今や老朽化して修繕や改修を必要としている。加えてその住み手や使い手自身も高齢化し、建物が不要になったりうまく使えなくなったりする現実を目の当たりにしている。全国的に空き家、空きビルが増えている背景に、この構造的変化があることに疑いはない。こうした問題解決にも「公」と「民」だけでなく、「協」すなわち住民の共同体、コミュニティの役割が不可欠だといわれている。

このように改めて役割が問い直される状況の中、槇塚台では、住民自らが役割を持って、自分たちが幸せに暮らせるまちを運営する「共助」の試みをはじめている。大都市で互いに知らない同士が集まって働くシステムではなく、地域の住民がなじみのつながりを生かしてともに支え合うしくみである。

槇塚台は50年前に開発がはじまったニュータウンの一つの地区で、都市化とともに整備された他の多くの郊外ニュータウンと同様の問題を抱えている。高齢化率（65歳以上）は40％を超え、都市で働いていた多くの人々が退職した後、地域内で新しい仕事につくことなく、役割をなくしている。２０１１年３月実施の槇塚台地区全世帯対象アンケート調査では、地域に対して「買い物」「交通」「医療」の不便さが不満点として挙がっている。「毎日外出」は前期高齢者（65〜74歳）で50％、後期高齢者（75歳以上）で20％となり、身体能力が低下すると外出しにくい様子がうかがえる。高齢者の約50％が生活に不安を感じ、その中で「健康」「災害」「老後」は不安材料である。約90％の高齢者が相談できる人がいるものの、その相手は家族、次に親族・友人となり、近所の人を挙げる高齢者は少ない。

ただ、自治会加入率は約90％と泉北ニュータウン内で最高であり、自治連合会・校区福祉委員会・民生委員会などの活動、NPO法人を設立したまちづくり活動、介護保険事業所のまちづくりへの積極的な関与など、コミュニティの組織が活発な点が、泉北ほっとけないネットワークでのモデル事業指定のポイントでもあった。約80％の高齢者が地域に愛着を感じ、70％が地域に住み続けたいと願っている。コミュニティでの活動への参加意欲は高く、約50％が「健康対応」「認知症予防」「ウォーキング」などを希望している。

槇塚台では定年を迎えた多くの人が、地域の新たな関係の中で行動することで、新しい役割を得ている。妻と2人暮らしの70代前半のAさんは、定年後は外出をあまりしなくなった。何かしたい気持ちもなくはなかったが、近隣との交流がほとんどなく情報も得られなかった。妻から子ども向けイベントのことを聞き、手伝いに参加したことでつながりが生まれ、建設会社での建築士の経験を生かしたイベントの段取りや、家具などの修繕のクラブに参加するようになった。

地域の共助は単に高齢者同士が支え合うのではなく、子育ての家族や1人住まいの人など多様な人々がつながり、なじみの関係をつくっていくことが大切である。開発当初のニュータウンでは夫婦と子どものいわゆるニューファミリー世帯がほとんどだったのが、今は世帯が多様化している。独居高齢者、子どもが家を離れた老夫婦、その中にはどちらかが要介護高齢者の世帯も含まれる。高齢者がいなくても、学校に行かないで家に閉じこもりがちな子どもを抱える世帯、仕事をしながら子どもを育てる母子世帯、障がいを抱える子どもや親といっしょに住まう障がい者世帯など、さまざまな事情で必要に応じて支援を必要とする世帯がある。

槇塚台の地域レストランでは、偶然のつながりが予定にないサービスになり、新しい役割が生まれている。思い思いに過ごす男性高齢者、高齢者と子どもの会話、スタッフ同士の食事、デイサービスのお出かけ利用、母と子のお弁当配達など、いわゆる「民」のレストランでは見られない風景が生まれている。これらは地域の住民による住民に向けたコミュニティサービスであるからこそ生まれる風景であり、多様な広がりにつながっている。

参考文献　「堺市・泉北ニュータウンの福祉転用と地域コミュニティ」森一彦（『市政研究』182号、大阪市政調査会、2014年）

森　一彦

大阪市立大学大学院生活科学研究科教授。一級建築士。専門は建築計画、福祉環境学。共著作に『空き家・空きビルの福祉転用』などを持ち、既存施設の福祉転用を研究テーマの一つとする。2010年にNPO法人すまいるセンターの西上孔雄らとともに、「泉北ほっとけないネットワーク」を立ち上げ、主導的に関わる。

コラム⑥

子育て調査

高齢化が進む泉北ニュータウンだが、ここに住むことを選択する若い子育て世帯もいる。どのような家族がどんなライフスタイルで暮らしているのかを調査してみたら[*1]2/3は、地元出身層だった！

自分の育ったまちで、おじいちゃん、おばあちゃんに助けてもらいながら子育てをし、同居ではなく近居というライフスタイルを選択しながら、週に何度も行き来して、親世帯と親密な関係で暮らしている。

一方で、他地域から来た新規来住者も少なからずいる。彼らは、泉北ニュータウンの豊かな自然環境を評価し、こんなところで子育てしたいとやって来た。

泉北の子育て世帯が住んでいる住宅のタイプは、持ち家戸建てと公共賃貸住宅を合わせると8割を超え、民間賃貸住宅はほとんどない（3%）。しかも、持ち家戸建ての多くは新築住宅で、新しく開発された地域に若い世帯が集中している。

すなわち、泉北ニュータウンの当初からある戸建て住宅は、借家としても持ち家としても若い世代に循環しておらず、住んでいたお年寄りがいなくなった後は空き家となる運命だ。これら豊富な戸建て住宅ストックをリノベーションして活用できれば、泉北に住みたいと思うもっと多様な家族のニーズに応えることができるはずだ。（小伊藤亜希子）

[*1] 泉北ニュータウン内にある幼稚園1カ所と保育園2カ所の協力を得て、泉北ニュータウンに居住する子育て世帯を対象にアンケート調査を実施した。2012年9月実施、有効効回答数147。

泉北ほっとけないネットワーク
→P・023、P・046

大阪府堺市の泉北ニュータウン槇塚台地区における高齢化、建物の老朽化や空室化といった問題に対し、大学と地元のNPO・行政・福祉機関などで構築された地域ネットワーク。地域の人的・物的資源を有効に活用、連携させることで、高齢者などが安心して生活できる環境づくりを目指している。配食サービスの拠点でもある地域のレストラン「槇塚台レストラン」、団地の空き室を改修した「高齢者支援住宅」、戸建て住宅を改修したシェアハウス「緑道下の家」などの事業を行っている。

●2011年度事業開始。
●泉北ほっとけないネットワークの主要なリノベーションプロジェクト…①槇塚台レストラン（近隣センター内空き店舗2店舗・計230㎡）②まちかどステーション（近隣センター内空き店舗1店舗・58㎡）③高齢者支援住宅（府営住宅空き住戸7住戸・計300㎡）④緑道下の家（戸建て空き家1住戸・134㎡）
●泉北ほっとけないネットワークから生まれた主なサービス…見守りをかねた配食サービス、昼食、居酒屋の提供、各種サークル支援、食健康相談、健康リハビリ支援、短期滞在支援などのコミュニティサービスを展開。

槇塚台レストラン
→P・044

地域のみんなが集えるレストランとして、地元スタッフが中心となり〝ほっと安心・安全〟な食事提供を行っている。運営母体は地元の福祉系NPO法人すまいるセンター。ランチタイム営業が中心で、日替わりランチは1食600円。定食スタイルでみそ汁が付き、ごはんとみそ汁はおかわりもできる。100円でコーヒー、紅茶などの飲み物も追加できる。同メニューの弁当販売（みそ汁なし）も行っている。昼時には臨時のカウンター席が登場するなど、地域の利用者でにぎわうようになった。ランチ利用の他、営業時間内は喫茶のみの利用もできる。

●2011年5月15日弁当販売にて営業開始、同年10月29日より喫食スペース運用開始。堺市南区槇塚台3丁1-2 ☎072-289-9377。11時30分～14時、日祝休。1日60～100食。スタッフ／調理10名弱。（コアスタッフ2名、管理栄養士1名）

配食サービス
↓P・053

槇塚台レストランで調製した日替わり弁当を自宅へ届けるサービス。配達は地元自治会が運営するNPO法人のスタッフが担当。毎日や曜日指定など定期的な配達予約もできる。定期的な配食契約1件からはじまったこのサービスも、今や自宅への配食だけでなく、地域での集まりや学校行事、職場への配達、オードブルの配達やケータリングの利用にも対応し、利用者が増加している。

●予約は槇塚台レストランに電話または直接。1食500円につき配送料1件100円（5食以上無料）。

居酒屋まっきー
↓P・071

レストラン営業終了後の時間を利用し、新たな集いの場としてオープンした居酒屋まっきー。運営母体は地元自治会が運営するNPO法人。ボランティアスタッフの嘉陽さん、小川さん、小山さんを中心に切り盛りしている。月〜土曜日の18〜21時（ラストオーダー）の営業だが、お客さんの入り具合で多少前後することもある。生ビールは400円、出し巻き玉子、チーズ春巻き、お造りの他、日替わりでおすすめの一品料理を数種類提供している。400円前後で居酒屋料理が楽しめると、常連や会合後の地元の利用客でにぎわっている。新たに槇塚台に引っ越してきた方が居酒屋まっきーを通じて地域住民とつながり常連になったこと、居酒屋スタッフが大阪市内から徘徊してきた認知症高齢者を保護したことなど、地域の夜間のつながりを担う機能が芽生えてきている。

●2013年7月5日より営業開始。☎は槇塚台レストランと同じ。18（冬期17）〜21時（ラストオーダー）、日祝休。スタッフ／コアスタッフ2名、手伝い1名。

高齢者支援住宅

↓P・086

槇塚台の府営団地の空き住戸計7戸を改修。介護の選択肢として、在宅か施設かの2点しかなかった状況に、見守り付きの一時的な住居を安価に提供しており、1居室を2名でシェアするため、全12名の宿泊ができる。運営母体である社会福祉法人美木多園は近隣で特別養護老人ホームやデイサービスも運営しているので、支援住宅への中長期利用とその他介護サービスとの併用が容易になっている。その他、デイユース、府営団地への帰省時の宿泊、在宅での介護疲れの方向けのレスパイトケア先としての利用もできる。

●堺市南区槇塚台1-10-28 401号（事務所）☎072-284-2012。電話または直接受付、利用前に要見学。スタッフ／3名。対応年齢／60歳以上（応相談）。

健康相談

↓P・120

泉北ほっとけないネットワークが主催する健康相談。「膝が痛い」「腰がだるい」などの身体のお悩みから元気アップ体操の紹介、介護相談までよろず相談を行う。相談者の多くは槇塚台近隣在住。

●2012年9月～2015年3月、槇塚台レストラン前で毎週火曜日9時30分～11時10分に開催。相談件数／延べ32件。参加費／無料。スタッフ／理学療法士1名。運営費／なし。

お出かけ支援

↓P・123

日頃、外出が少なく家に閉じこもる傾向にある高齢者を対象に、お出かけを支援する取り組み。（1）近隣の方といっしょに槇塚台レストランで昼食を取る

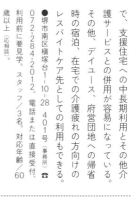

「ふれ合い昼食」、（２）ＮＰＯ法人で提供されている喫茶に参加し人との交流を深める「ふれ合い喫茶」、（３）ノルディック・ウォークの体験など、正しい歩き方を習得することを目的とした「ふれ合い講座」の三つを行った。

●２０１３年10～12月、槇塚台レストランおよびまちかどステーションにて。参加人数／29名（平均72歳）。参加費／無料。スタッフ／理学療法士１名（＋レストランスタッフ、ＮＰＯ法人ＡＳＵの会柴田氏協力）。運営費／45万円（すべて補助金による）。

リズム体操
↓Ｐ・１３０

運動が「つらい」と感じている高齢者が多いことを受け、身体に大きな負担をかけず「楽に」「楽しく」できる運動を指導。主に地域のデイサービスセンター利用者を対象に、音楽を使うことで楽しみながら身体の機能を向上させる取り組みを行った。

●２０１１年５月～２０１２年３月、愛のケア工房はるか「はるか倶楽部一期一会」で毎週水曜日10～11時30分に開催。参加人数／デイサービス利用者10名前後。参加費／無料。スタッフ／理学療法士１名。運営費／なし。

コミュニティスペース〈２階〉
↓Ｐ・１５０

槇塚台レストラン２階を活用し、毎日さまざまなイベントが開催されている。ある月のプログラムは大正琴、ウクレレ、コーラス、健康マージャン、トールペイント、シニア体操、社交ダンス、舞踏、詩吟、太極拳、卓球と多彩。

●２０１１年10月29日にレストラン槇塚台の喫食スペースと同時に運用開始。10～15時、日祝休。予定は毎月発行の「槇塚台レストランだより」に掲載。受講は講座開催日にレストランで主催者に直接申し込む。レンタル料／１時間１０００円（お弁当を一食注文すると５００円）。

まちかどステーション

↓P・158

地元高齢者の交流の場として、槇塚台近隣センターの空き店舗に設立。工芸や文化、教養など幅広いテーマの教室や講座が行われている他、週4日開かれる野菜市も好評。壁一面のレンタルボックスでは、地域の方による手づくりの品などを展示販売。運営はNPO法人ASUの会。

●2012年3月14日オープン。堺市南区槇塚台3丁1-17。月~木曜日10~16時。

認知症カフェ

↓P・165

グループホーム「みんなのわが家 はるか」が運営する「コミュニティ・はるかふぇ」では、珈琲や紅茶、地元住民による手づくりクッキーなどを100円でいただける。認知症介護実践者研修を受けた専門家による相談会をはじめ、作業療法士らによる認知症に関する情報提供や脳トレ体操などたくさんのイベントが企画され、落ち着いた雰囲気が好評。自宅にいるような気分が味わえる事業を牽引するのは、泉北ほっとけないネットワークの会議でもいつも笑顔の岩井美智子さんや森本靖夫さんをはじめとするスタッフ。

●2011年5月15日~。堺市南区晴美台3-9-5。第3土曜日13時30分~15時30分。

緑道下の家

↓P・176

料理教室ができて、菜園作業ができる「泉北スタイル」を楽しむシェアハウス。のびのび子育てをしたい方、友達といっしょに同居したい方、両親との近居を検討している方などを対象として、入居者を募集している。個室4室。

●2014年5月11日竣工。堺市南区槇塚台2丁目。泉北高速「泉ヶ丘」駅からバスで10分程度「槇塚台センター」下車徒歩5分。規模／鉄骨造2階建、敷地面積／303㎡、延床面積／134㎡。共有施設／キッチン、リビング、玄関土間、浴室、庭、ミニキッチン、テラス、菜園、ガレージ（コミュニティスペースとしても利用）。家賃／ふたば（8畳＋トイレ・洗面＋庭5㎡）45,000円。あおば（6・5畳＋トイレ・洗面＋庭5㎡）45,000円。つぼみ（9・5畳＋トイレ・洗面＋テラス5㎡）33,000円。めぶき（10・5畳＋トイレ・洗面＋テラス5㎡）37,000円。めぶき＋つぼみ（20畳＋トイレ・洗面＋テラス10㎡）70,000円。

泉北ニュータウン住宅リノベーション協議会

↓P・192

泉北ニュータウンにおける若年層を中心とした定住者の増加を目的に、大学・NPO・不動産・建築家などが行政と連携して立ち上げた組織。リノベーションによる中古住宅等の流通促進や泉北ニュータウンでのこだわりある魅力的な暮らし「泉北スタイル」の普及を目指し、中古住宅流通サービスの提供、提案や新しい住まいや生活の研究、提案などを行っている。

●2015年4月活動開始。

http://senbokustyle.com/

リノベ暮らし学校

↓P・198

泉北ニュータウン住宅リノベーション協議会主催の、リノベーションを学べる講座。2016年度には「住宅取得と

お金の考え方」「コミュニティ・ビジネス　起業」といった実践的なテーマの座学と、実際にリノベーションがなされた住宅などをめぐる見学会が行われた。

●2016年は、6月25日から12月17日まで毎月1回、全7回。参加人数／延べ254名。参加費／「はじめるコース」4,000円、「仕事もはじめるコース」5,000円。2016年度から開講。

空き家改修発表会
↓P・201

大阪市立大学大学院の授業「居住福祉環境設計」の地域発表会。学生が居住者、専門職、行政担当者らとの意見交換を通して地域の課題を分析し、新たな居住スタイルを提案している。空き住戸の高齢者支援住宅への転用、戸建て住宅のシェアハウスへの転用など、これまでの提案の多くが事業化、実現されている。

●2009年度開始。

ロコモティブシンドローム予防講座
↓P・220

地域住民らが主催する自主講座。「要介護にならない運動と食事で健康寿命を延ばすこと」を目標に、関節の痛みや筋力低下、柔軟性の低下など加齢等により生じる運動器の障害を予防する運動や、痛みを自分で和らげる方法を習得する。

●2014年4月〜、地域会館で第2、第4木曜日13時30分〜15時。参加人数／40名前後。参加費／月500円。スタッフ／地域住民4名。運営費／なし。

リーダー養成講座
↓P・224

2011年9月大阪市立大学栄養教育研究室を中心に槇塚台レストランと連携し、高齢者の食生活と運動をテーマに地域在住高齢者を対象に健康講座を行ったのがはじまり。では講座参加者の食生活改善並びに生きがい感の向上への効果を確認した。その後第2期、第3期を経て、2013年にこの取り組みが地域住民主導となることを目指し、リーダー養成講座へ発展した。この養成講座参加者からリーダーが誕生し、住民主体のロコモ講座を行っている。

●毎週水曜日10〜11時30分に開催。参加人数／デイサービス利用者10名前後。参加費／無料。スタッフ／理学療法士1名。
運営費／なし。

親子配達
↓P・233

槇塚台に住む一組の母娘が、同じ校区在住の独居の高齢者宅へと、お昼のお弁当を配達。配達を通じ安否確認もでき、小さなお子さんがともに配達をすることで異なる世代間の交流を図れると好評だった。母娘のご都合により、現在は行われていない。

●2013年7月〜2014年10月の月〜土曜日、槇塚台レストランから配食。スタッフ／槇塚台在住のお母さんとその娘さん。

おわりに

泉北ニュータウンは大阪府堺市南区にある人口約13万人の郊外住宅地で、２０１７年にまちびらき50周年を迎えます。この本では２０１０年からはじまった「泉北ほっとけないネットワーク」および２０１５年に立ち上げられた「泉北ニュータウン住宅リノベーション協議会」の取り組みを記録し、地域に関わる方法のヒントや選択肢を示しています。

活動の動機となっているのは、空き家があって、高齢化が進み、少子化が顕著になりつつある郊外を「ほっとかない」という気持ち。仕事をリタイアした趣味人、こだわりを詰め込んだお店のあるじ、子どもといっしょに出勤するお母さん、子育てしながら働くお父さん、栄養計算する専門家、空き家の改修デザインに取り組む大学生。この本では、さまざまな人がそれぞれの思いでいろいろなことをしています。各人の働き方から、それぞれの関わり方が見えてきます。

まず2010年9月に泉北ニュータウン内の槇塚台校区（人口約6000人）で空き家・空き店舗を地域で共有し、高齢者・障がい者・子どもを含む地域住民の生活を、居住、食、健康といった面から包括的に支援するコミュニティサービス「泉北ほっとけないネットワーク」を開始しました。この活動を通して見えてきたのは、空き家活用には物的な拠点の改修整備に留まらず、各種コミュニティサービスの継続と充実が課題であり、地域内外の既存組織との連携で切れ目のないサービス展開こそが大切であるということです。

例えば月1回の会議では、利用者の生活経験に基づくリアルな要求が率直に語られます。ここから生活の場を自分たちでどうつくるかという「生活空間の共創力」が育まれ、具体的なプロジェクトへと生かされます。さらに大学の授業と一体となった活動などを交えて外部の視点を加えることで、住民に発見をうながし、随時フィードバックしていくというオープンな形でプロジェクトを試行していきました。さらに上記の連携や構想力を背景に、サービスの受け手であった住民が地域レストランで働く、自ら健康講座を立ち上げるといった取り組みも誕生。従来の制度的な枠組みを超えた、提供する側・受ける側の構図が柔軟に変形する生活融合型のコミュニティサービスが生まれています。地区内の人材に留まらず、近隣農家やニュータウンNPO、大学教員や栄養士・理学療法士、クラフトなどの専門職など外部の人材を引き込みながら、多様な活動を展開していくことで、地域のつながりも再生されつつあります。

槇塚台からはじまったこの動きは、泉北ニュータウン内の他地域での空き住宅の転用やリノベーションを生かしたまちづくりといった動きへと波及し、2015年4月の「泉北ニュータウン住宅リノベーション協議会」立ち上げへとつながりました。この活動では、住民と専門家という関係からさらに枠を広げ、リノベーションやニュータウンでの暮らしに興味がある方々が地域の魅力や場のつくり方の方法論を学べる「リノベ暮らし学校」を開催するなど、これまでの活動を通じて得られた事例や知見を幅広く共有。泉北ニュータウンの魅力を発見し、自ら場所やプロジェクトをつくり出す新たなプレイヤーが現れつつあります。

全国的にも空き家活用事業が地域再生の重要な核となると捉えられており、このような地域のための取り組みは日本各地で進められています。しかし、郊外を「ほっとかない」という取り組みに関して、ここに記録したものは他の地域より少しだけ先取りしていると思っています。都心に近いベッドタウンとして再開発が続くような立地ではないけれど、人口減少に悩むほど交通の便が悪いわけでもない。高齢化は進んでいるけど、シニア世代のアクティブなエネルギーはすごいし、若い世代も負けてはいない。各団地の商業ゾーンは老朽化し空き店舗が目立つけれど、駅前のショッピングモールはリニューアルがなされている。なにより公園がたくさんあって、住宅地のまわりには自然と歴史がある。このように当初の計画を超えて変容しながら地域性を獲得しつつあるオールドタウンとなったニュータウンにおいてわれわれは、シニア世代がいきいきと暮らせる場所を用意しながら、同時に若い世代がまちで楽しめる場所をつくるべく活動しています。われわれの取り組みが、全国の地域再生に対する今後の道しるべの1つになれば幸いです。

本書で語られている事業は、国土交通省の「高齢者等居住安定化推進事業」に2010年から3年間選定されている事業、「良質住宅ストック形成のための市場環境整備促進事業」に2016年から選定されている事業、2010年から2014年にかけての「堺市地域共生ステーション推進モデル事業」、2012年の「大阪府新しい公共の場づくりのためのモデル事業」、2014年から3年間の「泉北スタイル普及促進支援事業」などのモデル事業を含んでいます。なお、その成果に対して2013年都市住宅学会賞・業績賞、2015年度人間・環境学会賞をいただきました。本書で話をしている登場人物は61名で、プロジェクトに関わり名前を記している学生は78名です。しかしさらに多くの方々が取り組みに関わっています。また本書を企画するために編集委員が集まってから４年が経過しました。泉北ニュータウンの住人のみなさま、プロジェクトに関わるみなさま、出版に向けて協力いただいたみなさま、出版をお待ちくださっているみなさまに感謝いたします。

森一彦・小池志保子

執筆者一覧

論考・コラム

*春木　敏（大阪市立大学特任教授／栄養学）P.76

*小伊藤亜希子（大阪市立大学教授／住居学）P.108, P.185, P.256

樋口由美（大阪府立大学教授／高齢期リハビリテーション学）P.138

*小池志保子（大阪市立大学准教授／建築設計学）P.98, P.150, P.153, P.158, P.168, P.178, P.184, P.188, P.208, P.216, P.239, P.243, P.265

*木村吉成（木村松本建築設計事務所／建築設計）P.56, P.60, P.90, P.95, P.162, P.210

*森　一彦（大阪市立大学教授／建築計画学）P.46, P.74, P.120, P.134, P.201, P.204, P.248, P.265

*早見直美（大阪市立大学講師／栄養学）P.53, P.67, P.69, P.74, P.84, P.226, P.228

*松本尚子（木村松本建築設計事務所／建築設計）P.49, P.50, P.71, P.97, P.116, P.235, P.238

*高井逸史（大阪経済大学教授／リハビリテーション）P.61, P.120, P.121, P.122, P.129, P.132, P.136, P.146, P.165, P.222

杉山正晃（大阪市立大学大学院／建築計画学）P.174

寄稿・語り

西上孔雄（NPO法人すまいるセンター代表理事）P.46, P.47, P.50, P.192

新宅賀洋（帝塚山大学教授／栄養学）P.52

*白須寛規（design SU／建築設計）P.57, P.92

橋本通子（(公社）大阪府栄養士会理事／管理栄養士）P.63

西尾正敏（社会福祉法人美木多園理事長）P.88, P.95, P.99, P.100

池嶋　智（大阪市立大学大学院／建築設計学）P.91

林　直樹（社会福祉法人美木多園／支援員）P.99, P.100, P.101

古河　瑞（堺市南第一地域包括支援センター／ケアマネージャー）P.104

家城玲子（青山ケアプランセンター泉ヶ丘／ケアマネージャー）P.105

小栢進也（産業技術総合研究所研究員／リハビリテーション）P.130

駒野　紘（金商健康麻雀クラブ代表）P.151

春口滉平（大阪市立大学大学院／建築設計学）P.154, P.156

柴田美治（NPO法人ASUの会代表）P.159

齋藤由希子（大阪市立大学大学院／建築設計学）P.183

米田　淳（大阪府不動産コンサルティング協会会長）P.194

西　恭利（西紋一級建築事務所／建築設計）P.195

上岡文子（泉北ニュータウン住宅リノベーション協議会事務局）P.198

木村絵美（リノベ暮らし学校参加者）P.199

海田洋子（リノベ暮らし学校参加者）P.200

長田壮介（大阪市立大学大学院／建築設計学）P.202

笠原実季（大阪市立大学大学院／建築設計学）P.203

田中陽三（大阪府住宅供給公社）P.204

白石千帆（ニコイチ住人）P.206

明石淳子（ロコモ講座主催）P.220

岡（小橋）麻衣（大阪市立大学大学院／栄養学）P.224

田中都子（大阪市立大学大学院／栄養学）P.226

吉村京子（槇塚台レストランスタッフ）P.230

時岡奈穂子（大阪市立大学大学院／栄養学）P.232
金丸富二恵（お弁当の親子配達）P.233
髙橋（松村）茉莉（大阪市立大学大学院／建築計画学）P.235
小川依子（Tanto Confiture 主宰）P.240
岩藤邦生（iwt代表）P.241
山口香代子（いただきますプランニング代表）P.243
三井智子（緑道ピクニック企画）P.244
西野健造（横塚台校区自治連合会会長）P.245
住谷さん P.68
葉山さん P.69
瀧口さん夫妻 P.72
嘉陽さん P.73
水野さん P.121
横内さん P.127
安川さん P.128
石原さん P.129
ママ友のみなさん&子どもたち P.155, P.156
田村さん P.163
D子さん P.164

似顔絵

木村吉成

イラスト・グラフィック

春口滉平 P.36, P.37, P.38
笠原実季 P.34, P.176
森田真由子 P.36, P.37, P.218
福元貴美子 P38, P.86
籠谷 葵 P.40
名倉麻実 P.40, P.118
津田千晶 P.148, P.152, P.186
（以上、大阪市立大学）

【大阪市立大学学生プロジェクトメンバー】

2010

芦田晴香
井口 礼
伊藤孝輔
井宮沙和香
志野千尋
末安冬子
弦巻 雷
仲谷拓也
蓑毛あゆみ
渡辺 望
松下文子

2011

池嶋 智
板敷文音
植 高司
白井良季
杉原友也
高木翔子
伊達 都
上田哲也
大崎由加里
杉本佳穂
髙橋（松村）茉莉

2012

生田賀子
川久保将太
桑田和奈
齋藤由希子
丹下奈美
直正友里子
古川理瑛
真砂日美香
椋本智恵
北口有希子
窪田朋恵
石毛美奈子
岡（小橋）麻衣
田中都子

2013

大西　遙
河野耕平
北村悠希子
辻　瑛子
中谷春香
丹村恵望
樋口あずさ
藤田俊洋
厳　滢渝
陶ティティン
李　潔
リュウユトウ
辺　美礼
白石美奈子
ロキン

2014

田中豊樹
春口滉平
細見　駿

2015

岩元菜緒
上野智博
小林亮介
工藤千佳
成願大志
坪田一平
前田航志
峯﨑　瞳
翁　美華
セツ　ソ
籠谷　葵
木村帆花
西面莉沙
太野垣和也

2016

笠原実季
龍田幸祐
田村京子
長田壮介
皆川ゆり
林　美沙

［撮影］

坪倉守広（P.8、P.48、P.58、P.60、P.94、P.96左、P.150、P.257）
多田ユウコ（P.14、P.179、P.184左、P.189右、P.262上）
西　恭利（P.18, P.197）
髙橋（松村）茉莉（P.236上, P.237）

*……泉北ほっとかない郊外編集委員会メンバー
所属は社会人として関わった場合は現在の、学生として関わった場合は当時のものを記載しています。

泉北ほっとかない郊外編集委員会

泉北ニュータウンのまちづくり／健康づくりを担う、建築学、栄養学、リハビリテーションを専門とする大学教員および建築家からなる委員会。メンバーは森一彦、小伊藤亜希子、小池志保子、木村吉成、松本尚子、白須寛規、春木敏、早見直美、高井逸史。

OMUP

OMUPの由来

大阪公立大学共同出版会（略称OMUP）は新たな千年紀のスタートとともに大阪南部に位置する5公立大学，すなわち大阪市立大学，大阪府立大学，大阪女子大学，大阪府立看護大学ならびに大阪府立看護大学医療技術短期大学部を構成する教授を中心に設立された学術出版会である．なお府立関係の大学は2005年4月に統合され，本出版会も大阪市立，大阪府立両大学から構成されることになった．また，2006年からは特定非営利活動法人（NPO）として活動している．

Osaka Municipal Universities Press (OMUP) was established in new millennium as an association for academic publications by professors of five municipal universities, namely Osaka City University, Osaka Prefecture University, Osaka Women's University, Osaka Prefectural College of Nursing and Osaka Prefectural College of Health Sciences that all located in southern part of Osaka. Above prefectural Universities united into OPU on April in 2005. Therefore OMUP is consisted of two Universities, OCU and OPU. OMUP was renovated to be a non-profit organization in Japan since 2006.

ほっとかない郊外 —ニュータウンを次世代につなぐ—

2017年10月5日　初版　第1刷発行
2019年10月5日　初版　第2刷発行

著者　泉北ほっとかない郊外編集委員会
発行者　八木孝司
発行所　大阪公立大学共同出版会（OMUP）
〒599-8531
大阪府堺市中区学園町1-1　大阪府立大学内
http://www.omup.jp/
072-251-6533

印刷　株式会社国際印刷出版研究所
装丁　仲村健太郎
表紙イラスト　黒木雅巳
編集　ぽむ企画

ISBN 978-4-907209-76-6